IBS Doktoranden Workshop Technische Informatik 2016

Wolfram Hardt
(Hrsg.)

TUD*press*

IBS Scientific Workshop Proceedings
Herausgegeben von Stiftung IBS, Wolfram Hardt
Band 3

IBS Doktoranden Workshop Technische Informatik 2016

Wolfram Hardt
(Hrsg.)

TUD*press*
2016

Bibliografische Information der Deutschen Nationalbibliothek
Die Deutsche Nationalbibliothek verzeichnet diese Publikation in der Deutschen Nationalbibliografie; detaillierte bibliografische Daten sind im Internet über http://dnb.d-nb.de abrufbar.

Bibliographic information published by the Deutsche Nationalbibliothek
The Deutsche Nationalbibliothek lists this publication in the Deutsche Nationalbibliografie; detailed bibliographic data are available in the Internet at http://dnb.d-nb.de.

ISBN 978-3-95908-080-4

Universitätsverlag & Buchhandel
Eckhard Richter & Co. OHG
Bergstr. 70 | D-01069 Dresden
Tel.: 0351/47 96 97 20 | Fax: 0351/47 96 08 19
http://www.tudpress.de

TUDpress ist ein Imprint von w. e. b.

Gesetzt von den Herausgebern.
Printed in Germany.

IBS Scientific Workshop Proceedings

Die Stiftung Internationales Informatik- und Begegnungszentrum Sachsen (IBS) fördert die interdisziplinäre Vernetzung von Informatik-Expertisen auf nationaler und internationaler Ebene. Für wissenschaftliche Begegnungen und fachlichen Austausch bietet die Stiftung IBS ein ideales Umfeld. Die Stiftung IBS koordiniert und organisiert Konferenzen, Workshops und Seminare zur Förderung des wissenschaftlichen Dialogs.

Die wissenschaftliche Schriftenreihe *IBS Scientific Workshop Proceedings* veröffentlicht begutachtete Beiträge der IBS-Veranstaltungen. Die einzelnen Bände der wissenschaftlichen Schriftenreihe sind auch online auf der Webseite der Stiftung IBS kostenfrei als open access Publikation erhältlich.

Die *IBS Scientific Workshop Proceedings* stellen dauerhaft die präsentierten Ergebnisse der IBS- Veranstaltungen bereit.

Vorwort

Der vorliegende Band der *IBS Scientific Workshop Proceedings* veröffentlicht die Beiträge zum IBS Doktoranden Workshop Technische Informatik im Jahr 2016. Der jährlich stattfindende Workshop bietet den Doktoranden der Professur Technische Informatik der Technischen Universität Chemnitz eine Plattform zur Bestandsaufnahme, Ideenaustausch und Diskussion ihrer Promotionsvorhaben. Die Promotionsvorhaben mit unterschiedlichen Fortschrittsgrad ordnen sich dabei in die folgenden Forschungsbereiche der Professur Technische Informatik ein: Rekonfigurierbare Kommunikationssysteme, Robuste Eingebettete Systeme und Selbstorganisierende Systeme.
Mit dem Workshop wird der wissenschaftliche Dialog der Doktoranden gefördert, wobei die anregenden Gespräche und fachlichen Diskussionen zu neuen Gedanken und Perspektiven führen.

IBS Scientific Workshop Proceedings

IBS Doktoranden Workshop Technische Informatik 2016

Inhalt

TECHNISCHE UNIVERSITÄT CHEMNITZ

Fakultät für Informatik
Professur Technische Informatik

Big data in drahtlosen, eingebetteten Ad-hoc-Sensornetzen

René Bergelt

CE-Workshop, März 2016

www.tu-chemnitz.de

Fakultät für Informatik
Professur Technische Informatik

Gliederung

- Big data in Wireless Ad-hoc Sensor Networks (WASN)
- Deklarative Aggregation
- Routing in deklarativen WASN
- Zusammenfassung & Ausblick

Big data

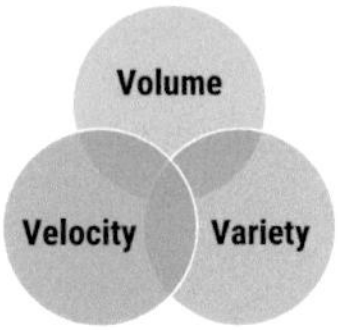

Volume	Bytes, KB, MB, GB, TB, EX, PB, ZB, YB →
Velocity	Batch, Selten, Periodisch, Echtzeit →
Variety	Text, Video, Audio, Informationsstruktur →
Veracity	Integrität, Steigende Sicherheit →

Big data in WASN

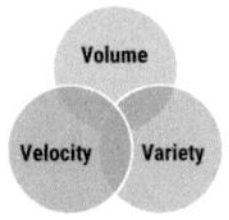

Übertragen des 3V-Modells auf W(A)SN

Volume
- Hohe Knotendichte / -anzahl
- Komplexität der einzelnen Knoten

Velocity
- Kommunikationsgeschwindigkeit
- Geschwindigkeit mit der Information ihre „Aktualität" verändert
- Knotenbewegung / Geschwindigkeit mit der sich das Netz verändert

Variety
- Heterogene WSN
- Knoten verschiedener Hardwarebasis und mit abweichenden Fähigkeiten

Big data in WASN

Klassifizierung von Big Data WASNs

- Knotenspezifische Struktur (client-centric) (vgl. klassisches WSN)

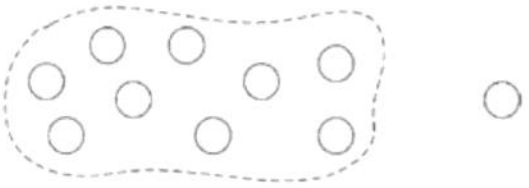

Knoten ID
Reichweite d. Kommunikation

- Gebietsspezifische Struktur (area-centric)

Geo-ID / Geo-Adresse
Gebietsgrenzen

Big data in WASN

Beispiel client-centric:

Internet of Things

- Datensenke ist bspw. Rechner / leistungsstärkeres *Thing*
- Knoteneigenschaften vielfältig, verfügbare (Sensorinformationen) variieren sehr stark
- Knoten bieten von sich aus Sensorwerte & Aktionen
- Ressourcen-beschränkte und –unbeschränkte Knoten

Big data in WASN

Beispiel area-centric: Car2Roadside

- Roadside repräsentiert durch *Beacons*
- Informationen aus Knotenmenge, aber individuelle Knoten sind uninteressant

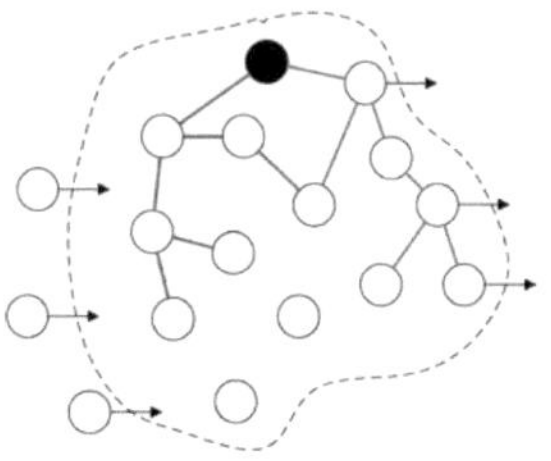

→ Aussagen über Gebiets-/Netzwerkeigenschaften
nicht über einzelne Knoten

Big data in WASN

Klassische Datenaggregation:

- Periodische Übertragung
- Fusion/Verarbeitung der Daten an Senke

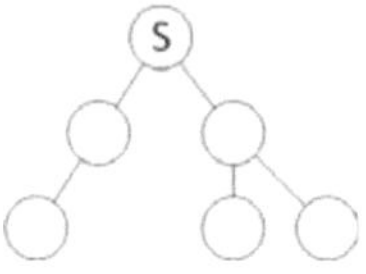

Nachteile:

- Applikationspezifische Aggregation
- Änderung des Verhaltens
  → Update der Node-Firmware
- Keine Begrenzung/Kontrolle der gesammelten Daten

Für vergleichsweise geringe Netzgrößen / niedrige Datenmengen geeignet. Problematisch bei Big-data-Anwendungen.

Einzelne Datenwerte werden selten benötigt. Meist Zusammenfassungen / Ableitungen dieser Werte gewünscht.

Fakultät für Informatik
Professur Technische Informatik

Deklarative Aggregation

Klassisches big data:
→ Übergang von relationalen Datenbanken zu verteilten, nicht-relationalen Strukturen

WSN:
→ Übergang von proprietärer, batch-orientierter Aggregation zu datenbank-orientierter Sicht

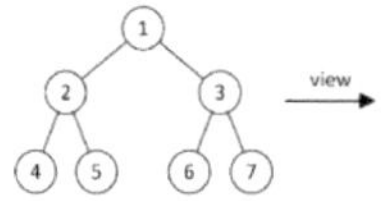

Node-ID	Parent-ID	Temperature	Pressure
1	-	20°C	100 kPa
2	1	22°C	100,05 kPa
3	1	22°C	100 kPa
4	2	21°C	...
5	2	21°C	...
6	3	20,5°C	...
7	3	21°C	...

→ Möglichkeit Abfragen an das Netz zu stellen (Queries, bspw. SQL-ähnlich)
→ Einfache Umsetzung sich ändernder Anforderungen

CE-Workshop, März 2016 9 www.tu-chemnitz.de

Fakultät für Informatik
Professur Technische Informatik

Deklarative Aggregation

SENSE avg(temp) **AT** sensors
WHERE id <= 5 **AND** id <> 3

ACT alert(on) **AT** sensors
WHERE temp > 40

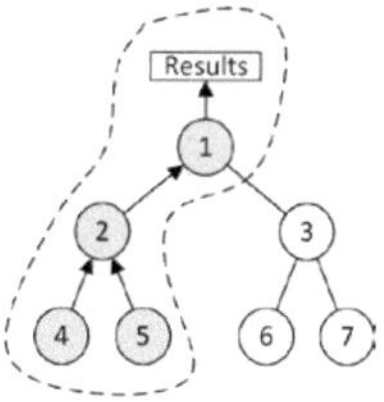

2 Phasen:
- Propagierung
- Ausführung

Möglichkeit zur Eingrenzung der Knotenmenge kritisch:
- Kommunikationskosten
- Verarbeitungskosten (Knoten)
- Wake-Up-Kosten (bei Verwendung von WuRx)

CE-Workshop, März 2016 10 www.tu-chemnitz.de

Fakultät für Informatik
Professur Technische Informatik

Routing in deklarativen WASN

Klassische WASN → Aktualisierung des Routings bei Ereignissen (Knoten betreten das Netz, Knoten verlassen das Netz)

Problem: Routing kann ungünstig für die spezifische Abfrage sein (vgl. Ausführungsplan in DBMS)

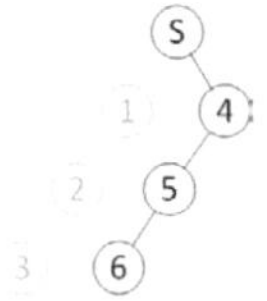

SENSE … **WHERE** ID <= 3 … gut
SENSE … **WHERE** ID >= 4 … ungünstig

Statisches Routing in deklarativen WASN nicht sinnvoll

Ansatz: Routing für jede Anfrage „maßschneidern", mehrere parallele sowohl kurz- als auch langlebige Routinggraphen

Fakultät für Informatik
Professur Technische Informatik

Routing in deklarativen WASN

Möglichkeiten für Routing

1. Exploration, Routing erstellen, dann Propagierung & Aggregation
2. **Exploration & Routing während Propagierung erstellen, dann Aggregation**

SENSE … **WHERE** ID <= 2

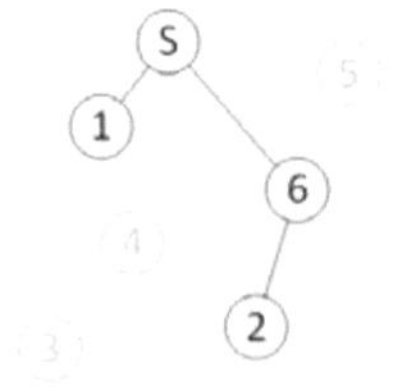

Routing in deklarativen WASN

(Dynamisches) Clustering auf Basis von Knotenähnlichkeit

- Hardware-Ähnlichkeit
- **Ähnlichkeit bezüglich vergangener & periodischer Abfragen**

Jeder Knoten kennt seine Nachbarschaft (bzw. Nachbarcluster)

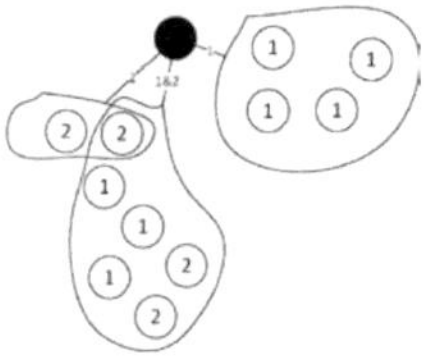

2 Attribute (1,2)

Beispiel: Abfrage die 2 voraussetzt, muss nicht in Cluster gesendet werden, der nur 1 enthält

Routing in deklarativen WASN

Periodische Abfragen

Dauerhaft, über längeren Zeitraum im Netz vorhanden

→ Routing kann nicht während Propagierung aufgebaut werden

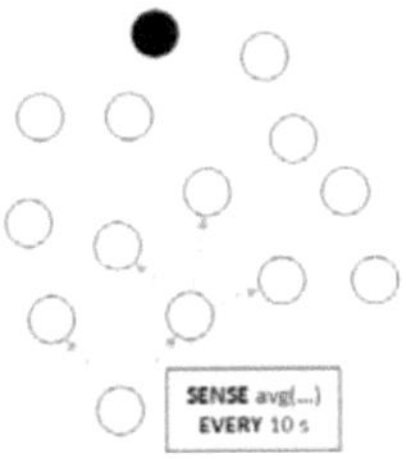

Gradienten-basiertes Routing

Metrik = Abstand zur Senke & Ähnlichkeitsmaß bzgl. Abfragen

Ähnlichkeit wird während Propagierung bestimmt

Jeder Knoten kennt den (letzten) Wert seiner Nachbarn

Zusammenfassung & Ausblick

- Ähnlichkeiten zwischen klassischen big data Anwendungen und Datenaggregation in drahtlosen Ad-hoc-Sensornetzen
- Eignung datenbank-orientierter Verfahren, um Informationen aus großen Datenmengen in WASN zu extrahieren
- Implementation eines Abfragesystems für statischen Fall (erst Exploration, dann Abfrage) & Aktorunterstützung

Ausblick:

- Ähnlichkeitsmaß von Knoten bezüglich Abfragen
- Nutzung für Clustering → Exploration während Propagierung
- Lösung von relationalem Modell
  - stärkere Verknüpfung mit *traditionellen* Big-Data-Anwendungen

Department of Computer Science
Chair of Computer Engineering

Hardware-accelerated Real-time Image Data Exploitation for High-resolution Electro-optical Sensors

Dipl.-Ing. Stephan Blokzyl

Open Innovation für RPAS – 20V1303

Computer Engineering Annual Conference 2016 – IBS International Computer Science and Convention Centre Lauta/Laubusch

Department of Computer Science
Chair of Computer Engineering

Content

1. Image Data Exploitation Chain and Parallelisation Strategies for Complex Image Processing Applications
2. Application Example Runway Recognition
3. PARIS Architecture
4. Publications and Student Activities 2015/16
5. PhD Schedule
6. SAGITTA Demonstrator Status

Lauta/Laubusch, 23rd of March 2016 2 Stephan Blokzyl - www.tu-chemnitz.de/cs/ce

Content

1. Image Data Exploitation Chain and Parallelisation Strategies for Complex Image Processing Applications
2. Application Example Runway Recognition
3. PARIS Architecture
4. Publications and Student Activities 2015/16
5. PhD Schedule
6. SAGITTA Demonstrator Status

[2]

Department of Computer Science
Chair of Computer Engineering

Image Data Exploitation Chain

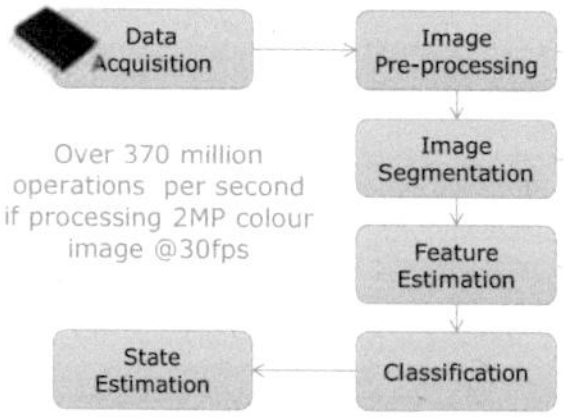

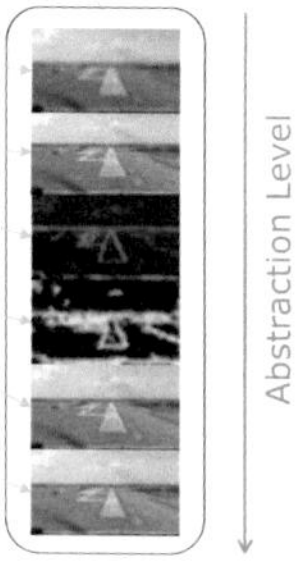

→ High-performance, energy-efficient computation architecture with

→ Maximum of flexibility, scalability and robustness

Image Data Exploitation Chain

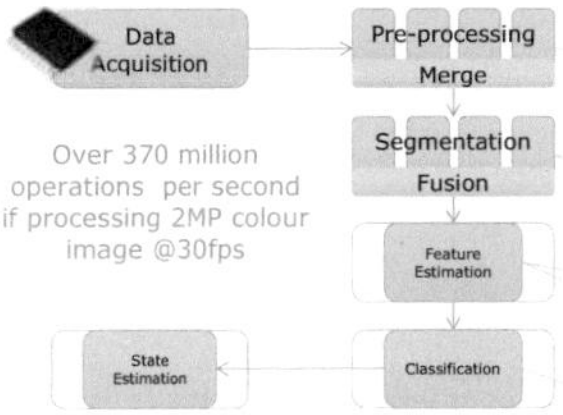

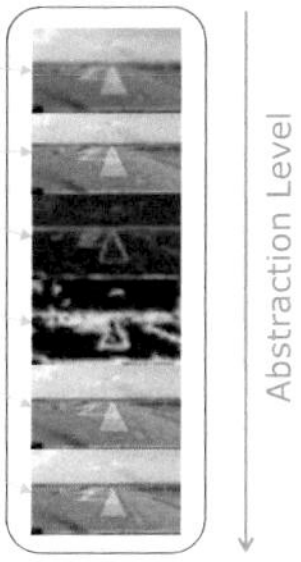

→ High-performance, energy-efficient computation architecture with

→ Maximum of flexibility, scalability and robustness

Image Exploitation Parallelisation

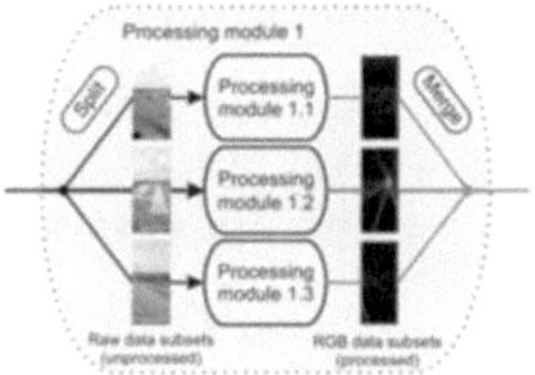

- Data Parallelisation
  - Splitting large-scale image data
  - Homogeneous processing modules
  - Speedup due to workload distribution
- Task Parallelisation
  - Heterogeneous processing modules
  - Low-level image processing methods (weak detectors)
  - Intermediate results: primary/secondary detections

→Raise of robustness of weak detections using information fusion

Department of Computer Science
Chair of Computer Engineering

Image Exploitation Parallelisation

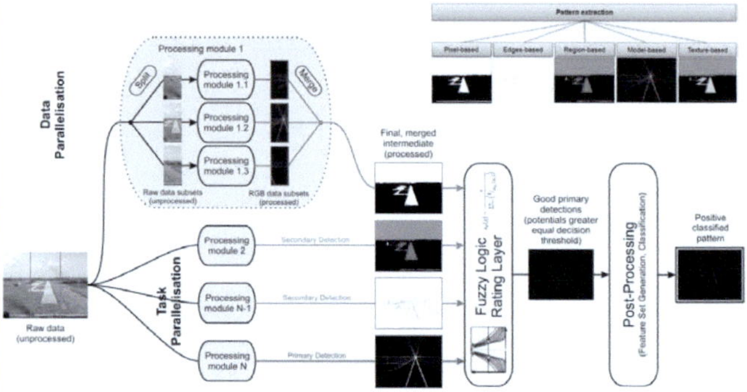

Department of Computer Science
Chair of Computer Engineering

Content

[2]

Application Example – Runway Boundary Detection

- Goal: Runway pattern recognition during final approach phase
- Colour line detection as primary detector
  - Gradient field estimation (line-by-line)
  - Colour line estimation and tracking
- Horizon line detection as secondary detector

Application Example – Gradient Field Estimation (Primary Detector)

- Line-by-line processing of input colour image
- Mask-based gradient estimation in x-direction

[3]

$$G_x = s \cdot d(\hat{\mathbf{A}}_r, \hat{\mathbf{A}}_l)$$

Application Example – Gradient Field Estimation (Primary Detector)

- Line-by-line processing of input colour image
- Mask-based gradient estimation in x-direction

→ Colour gradients with orientation φ^+/φ^-

$$G_x^+ \,/\, G_x^-$$

Application Example – Gradient Field Estimation (Primary Detector)

- Grouping of adjacent, most significant gradients per image row
- Improving colour line detections by search region reduction

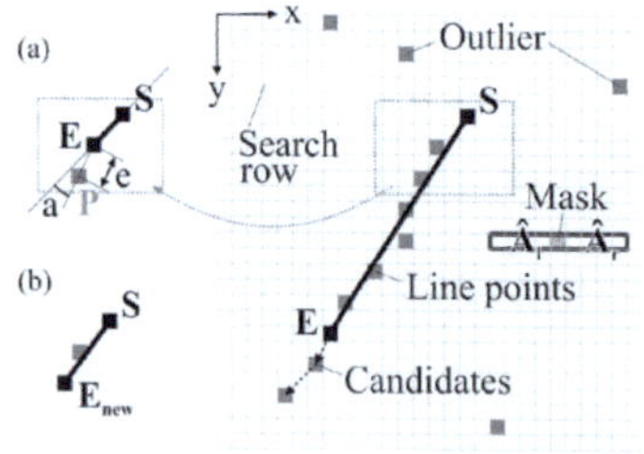

Application Example – Gradient Field Estimation (Primary Detector)

- Grouping of adjacent, most significant gradients per image row
- Improving colour line detections by search region reduction

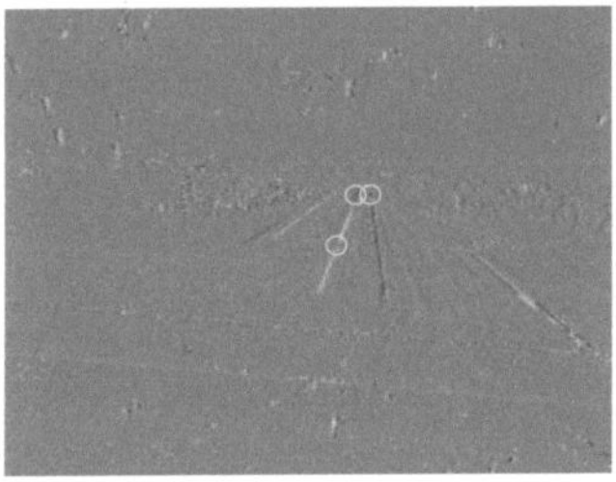

→ Colour lines with orientation φ^{+}/φ^{-}

$$L_{(\pm)} = \{L_{(+)}, L_{(-)}\}$$

Application Example – Gradient Field Estimation (Primary Detector)

- Grouping of adjacent, most significant gradients per image row
- Improving colour line detections by search region reduction

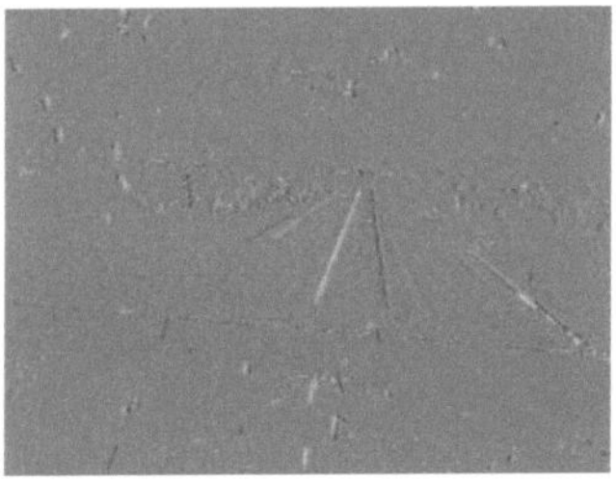

→ *Improved* colour lines with orientation φ^{+}/φ^{-}

$$L_{(\pm)} = \{L_{(+)}, L_{(-)}\}$$

Application Example – Runway Boundary Detection Concept

- Goal: Runway pattern recognition during final approach phase
- Colour line detection as primary detector
  - Gradient field estimation (line-by-line)
  - Colour line estimation and tracking
- Horizon line detection as secondary detector

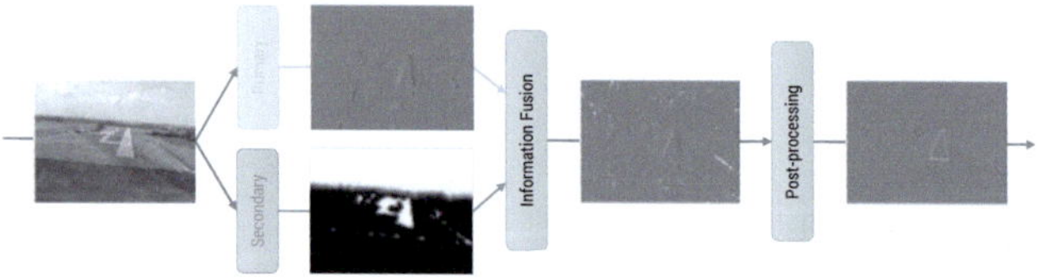

Application Example – Horizon Line Detection (Secondary Detector)

- Conditions for reliable horizon detection
  - Horizon on image top
  - Line fitting meaningful for horizon approximation
  - Daytime system operation (reasonable weather conditions)
- Colour image binary thresholding & morphologic closing of resulting binary image
- Horizon line approximation with all bright-dark-discontinuities

→ Horizon line with features height and orientation

Application Example – Information Fusion & Post-processing

- Confidence evaluation of all primary feature vector $\mathbf{x}^{(1)}$ using secondary features $x^{(2)}$

$$\mathbf{x}^{(1)} = (\gamma, R, \mathbf{S}, \mathbf{E})^T$$
$$\mathbf{x}^{(2)} = (m_h, n_h)^T$$

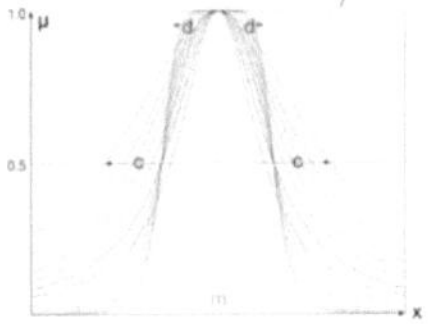

- Select one colour line of type φ^+/φ^-
  - Best orientation & length
  - Suitable position of starting/endpoints

Application Example – Information Fusion & Post-processing

- Confidence evaluation of all primary feature vector $\mathbf{x}^{(1)}$ using secondary features $x^{(2)}$

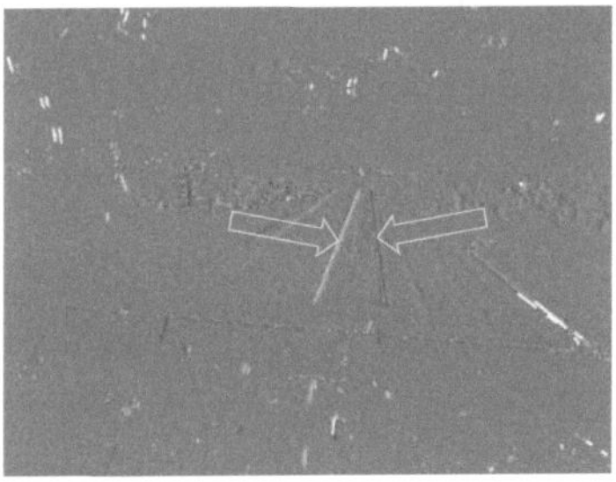

Application Example – Information Fusion & Post-processing

- Confidence evaluation of all primary feature vector $\mathbf{x}^{(1)}$ using secondary features $x^{(2)}$

→ Runway pattern representation by intersection-less contour, minimising surrounded colour line area

Application Example – Hardware Implementation

- Separation of functional parts into sub-modules
- Storages are implemented as BRAM, FIFOs & register
- Recognition task by two integrating methods (1)
- Multiple instantiations for work-load sharing (2)
- Predictable worst case execution time (WCET)

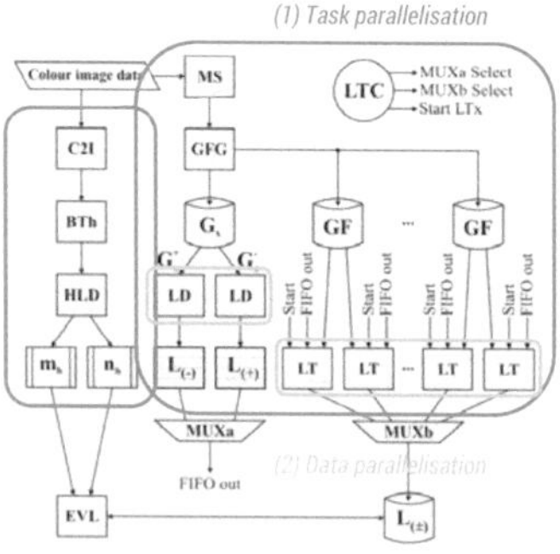

Application Example – Hardware Implementation

- Reduction of processing time with multiplied Line Tracker (LT) entities
+ High acceleration gain for 20 to 30 LTs
- Trade-off between data parallelisation and available logic on FPGA
- 6Hz average at workstation
  (AMD Phenom II X4, 4GB RAM, Windows 7)
- Speedup factor with circuit simulation of approx. 2 to 8
  (at 100MHz FPGA clock speed, referred to WCET)

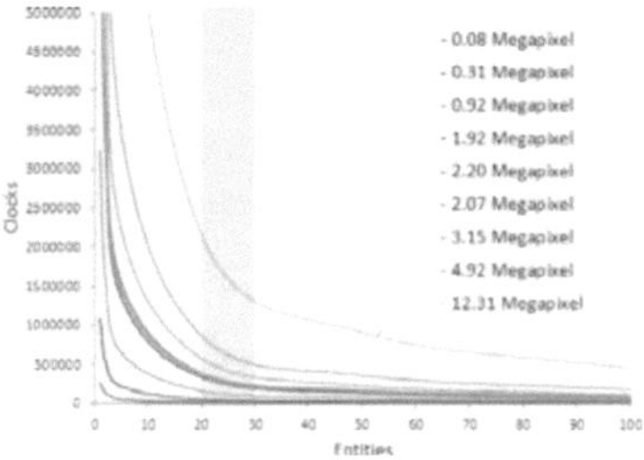

Application Example – Software-based prototype results

Department of Computer Science
Chair of Computer Engineering

Alternative Approach – HL-based Runway Boundary Detection

- Parallel Horizon and Edge Detection (Task Parallelisation)
- First Fusion combines Horizon and Edge Detection results

→ Selection of good edge points

- Edge points used for Line Grouping
- Second Fusion combines Horizon and Line Detection results

→ Selection of good lines

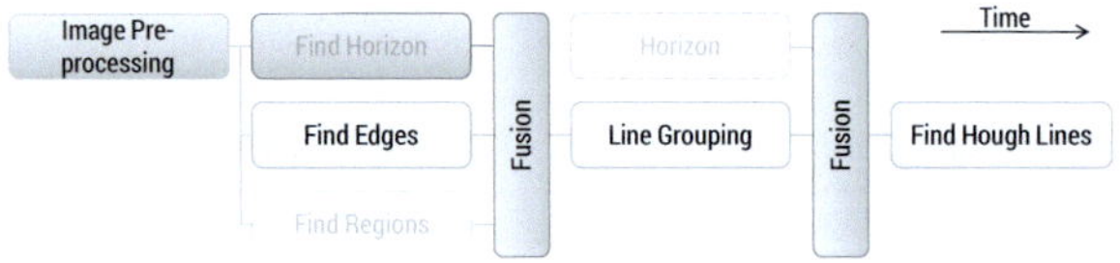

Lauta/Laubusch, 23rd of March 2016 23 Stephan Blokzyl - www.tu-chemnitz.de/cs/ce

Department of Computer Science
Chair of Computer Engineering

Alternative Approach – HL-based Runway Boundary Detection

- From Bayer8 image to Horizon & Edge detection

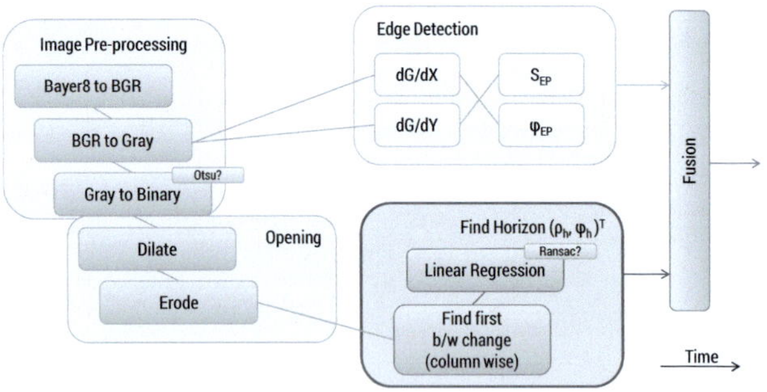

Lauta/Laubusch, 23rd of March 2016 24 Stephan Blokzyl - www.tu-chemnitz.de/cs/ce

Alternative Approach – HL-based Runway Boundary Detection

- Line grouping of edge detections [Lindner, Blokzyl; 2010]
- Segmentation of adjacent edge points with similar gradient
- Representation of line along an edge in the source image

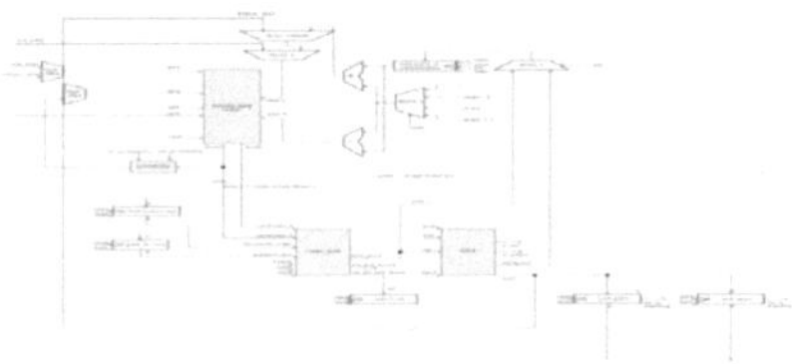

Department of Computer Science
Chair of Computer Engineering

Lauta/Laubusch, 23rd of March 2016 27 Stephan Blokzyl - www.tu-chemnitz.de/cs/ce

Department of Computer Science
Chair of Computer Engineering

Lauta/Laubusch, 23rd of March 2016 28 Stephan Blokzyl - www.tu-chemnitz.de/cs/ce

Alternative Approach – HL-based Runway Boundary Detection

- Good line detections are input for Hough Transformation *H(x,y)*
- Back-transformation of best 10 Hough clusters
- Clustering of resulting Hough Lines
- Runway boundaries derived from two strongest Hough Lines Clusters

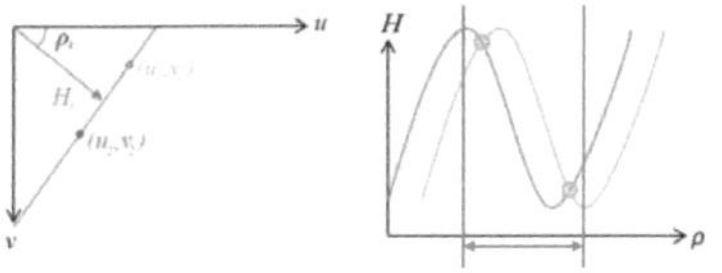

$$H(x,y) = x \cdot \cos(\rho) + y \cdot \sin(\rho)$$

Find Hough Lines → Cluster Hough Lines → Runway Boundaries

Department of Computer Science
Chair of Computer Engineering

Department of Computer Science
Chair of Computer Engineering

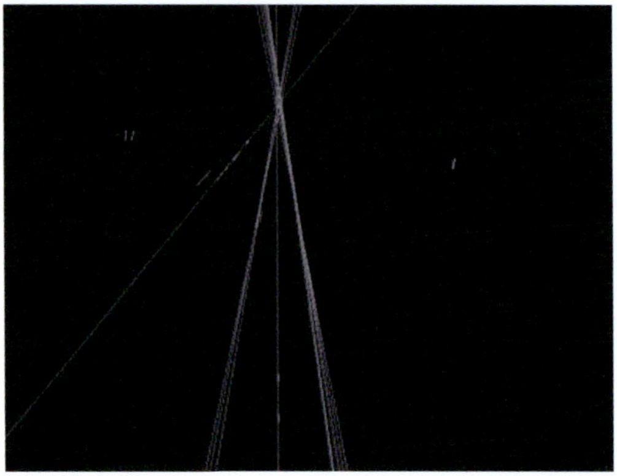

Lauta/Laubusch, 23rd of March 2016 31 Stephan Blokzyl - www.tu-chemnitz.de/cs/ce

Department of Computer Science
Chair of Computer Engineering

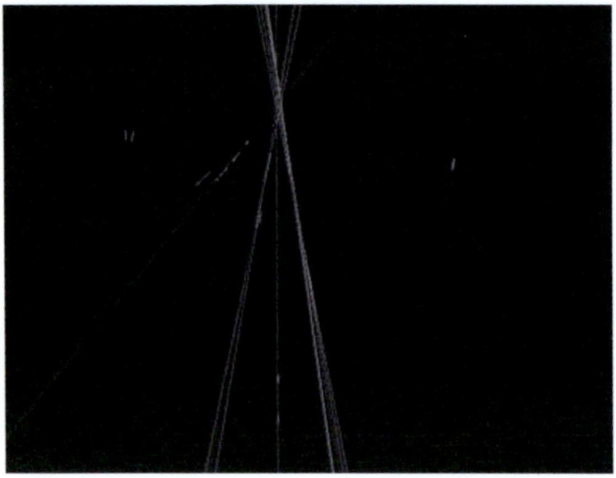

Lauta/Laubusch, 23rd of March 2016 32 Stephan Blokzyl - www.tu-chemnitz.de/cs/ce

Content

[2]

Hardware-Acceleration and Auto-land Sensor System

- HAALS = Hardware-Acceleration and Auto-Land Sensor
- Prototype development on HTG-V6-PCIE board with Xilinx Virtex-6 XC6VLX240T FPGA
- Airworthy system on 4DSP FM680 board with Xilinx Virtex-6 XC6VLX550T FPGA and Xilinx Virtex-6 XC6VLX550T FPGA

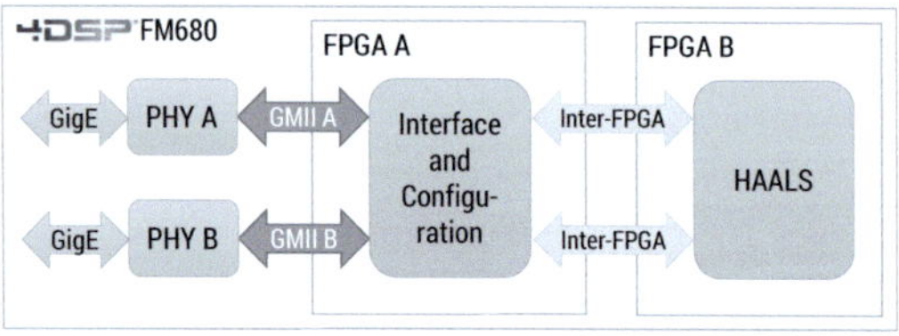

Hardware-Acceleration and Auto-land Sensor System Overview

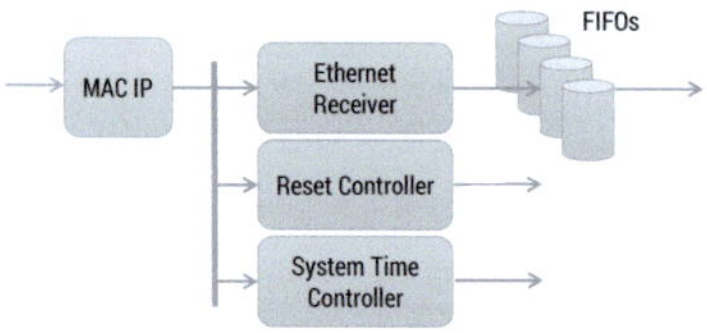

Hardware-Acceleration and Auto-land Sensor System Overview

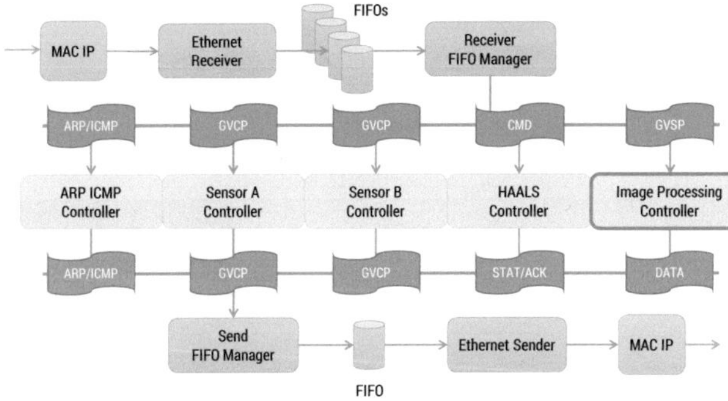

HAALS System – Image Processing Controller

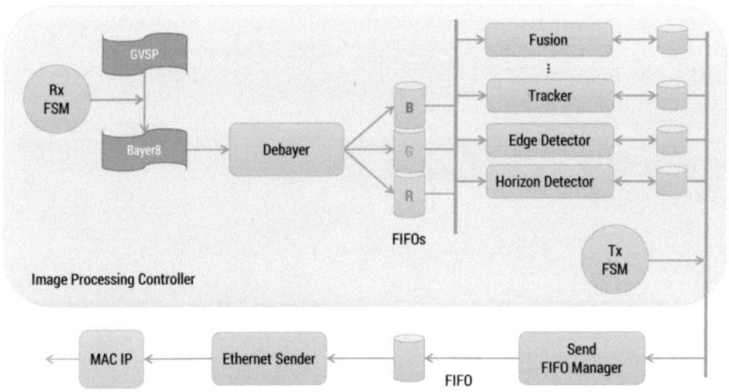

Hardware-accelerated Real-time Image Data Exploitation for High-resolution Electro-optical Sensors

- CERunwayRecognition application for software-based prototyping (C/C++/.NET)
- HAALS Slave framework realising hardware-acceleration for CERunwayRecognition
  - HTG-V6-PCIE (Xilinx Virtex-6 LX240T FPGA)
- Airworthy hardware-acceleration board
  - 4DSP FM680 (Xilinx Virtex-6 LX550T FPGA)

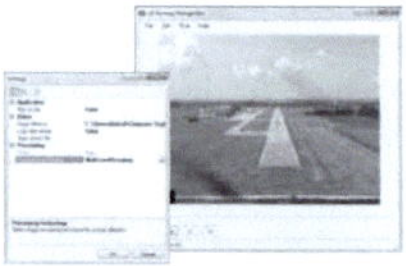

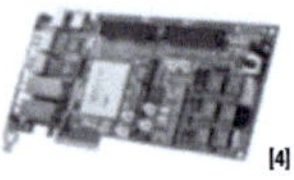

[4]

Content

[2]

Publications

2016

1. Blokzyl, **Hardt**
   Generisches Framework zur Parallelisierung von Echtzeitfähiger Bilddatenauswertung für Rekonfigurierbare Integrierte Schaltkreise (TUCSI2016)
2. Blokzyl, Vodel, Hardt
   FPGA-based Hardware Acceleration for High-resolution Colour Image Exploitation in Resource-limited Embedded Systems (IJETAE, Volume 6, Issue 4, April 2016)
3. Blokzyl, Hardt
   Generic Parallelisation Architecture for Real-time Image Data Exploitation and Sensor Data Fusion on Reconfigurable Integrated Circuits (HSSICT2016)

2015

1. **Vodel**, Blokzyl
   Hochauflösende Videodatenanalyse in Echtzeit-FPGA Hardwarebeschleunigung durch Daten- & Task-Parallelisierung (Innosecure2015)

Final Theses and Student Activities

Completed (Year 2014, Q1/2015)

- Image Processing on AUTOSAR Platforms for Reliable Vehicle Pose Estimation (Master Thesis)
- Embedded Sensor Data Fusion for Vehicle Pose Estimation (Master Thesis)
- Hardware-based Saliency Map Estimation using FPGAs (Bachelor Thesis)
- FPGA-based Flight and Attitude Control for Quadrocopters Using Kalman Filer (Diploma Thesis)

Announced

- **FPGA-basierte Detektion der Eigenbewegung einer monookularen Kamera**
- **FPGA-based Colour Image Region Segmentation**
- ...

Content

[2]

Review - Research Schedule 2015

Proof of Concept Development

× Refinement of Hamacher Operator-based fusion model (Q3/Q4)
  × Primary detector problem
  × Secondary detector integration
  × Alternative fusion concept

Quality of Service evaluation of image processing modules (Q4)
  Backloop, parameterisation, reconfiguration

Demonstrator Development

✓ Implementation of image processing modules (Q2)
  ✓ Algorithm selection
  ✓ Proof of Concept development

Research Schedule 2016

Proof of Concept Development

- Refinement of Hamacher Operator-based fusion model (Q2/Q3)
  - Primary detector problem
  - Secondary detector integration
  - Alternative fusion concept
- Quality of Service evaluation of image processing modules (Q3)
  - Backloop, parameterisation, reconfiguration

Demonstrator Development

- Implementation of hardware modules for runway pattern extraction (Q2/Q3/Q4)
- Proof of concept evaluation (Q4)

Department of Computer Science
Chair of Computer Engineering

Research Schedule 2016

Process		J	F	M	A	M	J	J	A	S	O	N	D
Concept Development	Refinement of Hamacher Operator-based fusion model												
	Primary detector problem, secondary detector integration												
	Alternative fusion concept												
	Quality of Service evaluation of image processing modules												
	Parameterisation												
	Backloop												
Proof of Concept	Implementation of hardware modules for runway pattern extraction												
	Proof of concept evaluation												
PhD Thesis	Fertigstellung Gliederung												

- Implementation of hardware modules for runway pattern extraction (Q2/Q3/Q4)
- Proof of concept evaluation (Q4)

Department of Computer Science
Chair of Computer Engineering

Hardware-accelerated Real-time Image Data Exploitation for High-resolution Electro-optical Sensors

Working Theses

1. Image processing with reconfigurable hardware, applying low-level pattern detection methods, enables deterministic, real-time image data exploitation.
2. The data and task parallelisation approach allows the high-performance realisation of complex high-resolution image exploitation tasks in resource-limited, embedded environments.
3. The application of reconfigurable hardware enables an energy-efficient realisation of complex high-resolution image exploitation tasks in resource-limited, embedded environments.
4. Concurrent use of pattern detectors increases computation speed and improves both quality and reliability of pattern recognition results.
5. The data and task parallelisation supports the estimation of a confidence indicator validating both intermediate and global result confidence.

Lauta/Laubusch, 23rd of March 2016 | 47 | Stephan Blokzyl - www.tu-chemnitz.de/cs/ce

Department of Computer Science
Chair of Computer Engineering

Content

1. Image Data Exploitation Chain and Parallelisation Strategies for Complex Image Processing Applications
2. Application Example Runway Recognition
3. PARIS Architecture
4. Publications and Student Activities 2015/16
5. PhD Schedule
6. SAGITTA Demonstrator Status

[2]

Lauta/Laubusch, 23rd of March 2016 | 48 | Stephan Blokzyl - www.tu-chemnitz.de/cs/ce

Status SAGITTA Demonstrator Development End Q1/2016

- Completed work packages
  - PARIS framework integration in airworthy HAALS system
  - Integration of Boresight View Capability (Pilot Eye View) function in SAGITTA
  - Ethernet-based HAALS in-system-configuration
  - Maintenance, test, and management application *CE HAALS Maintenance v1.9a*
- Ongoing work
  - Image processing IP for ALS function phase II

→ Ready for First Flight in October 2016

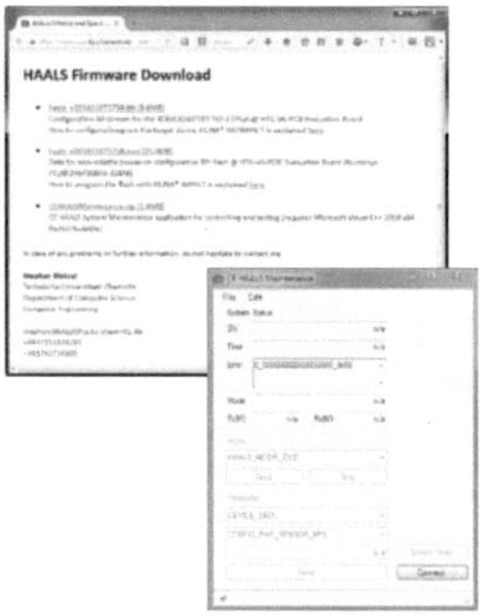

Department of Computer Science
Chair of Computer Engineering

References

[1] Airbusgroup.com: "Sagitta: Airbus Defence and Space open collaboration project", URL: http://www.airbusgroup.com/int/en/news-media/media~item=jcr:3095d1f2-a930-4c90-92b3-087a017f654d~.html (Download on 01.03.2016).

[2] aero.de Luftfahrtnachrichten: "Airbus bringt Lithium-Ionen-Akkus zurück in die A350", URL: http://www.aero.de/news-20542/Airbus-bringt-Lithium-Ionen-Akkus-zurueck-in-die-A350.html (Download on 01.03.2016).

[3] Graphic "White corner of an RGB color cube in isometric projection" by RokerHRO, distributed under a CC BY-NC-SA 3.0 license, URL: https://upload.wikimedia.org/wikipedia/commons/0/03/RGB_Colorcube_Corner_White.png (Download on 01.03.2016).

[4] HTG-600: Xilinx Virtex™ 6 PCI Express Gen 2 / SFP / USB 3.0 Development Board, URL: http://hitechglobal.com/images/V6PICE_w.jpg (Download on 01.03.2016).

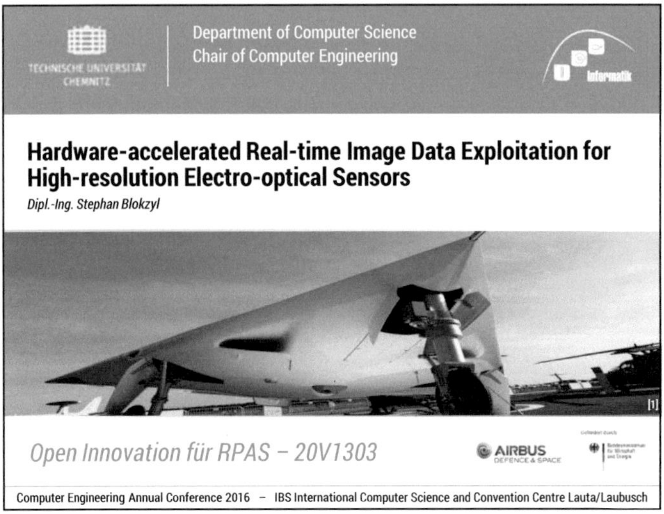
TECHNISCHE UNIVERSITÄT CHEMNITZ
Department of Computer Science
Chair of Computer Engineering
Informatik
Hardware-accelerated Real-time Image Data Exploitation for High-resolution Electro-optical Sensors
Dipl.-Ing. Stephan Blokzyl
[1]
Open Innovation für RPAS – 20V1303
AIRBUS
DEFENCE & SPACE
Computer Engineering Annual Conference 2016 – IBS International Computer Science and Convention Centre Lauta/Laubusch

Fakultät für Informatik
Professur Technische Informatik

Absicherung von AUTOSAR Steuergeräten in der Entwicklungsphase

Norbert Englisch

CE-Workshop
Laubusch, den 21. März 2016

www.tu-chemnitz.de

Fakultät für Informatik
Professur Technische Informatik

Motivation

AUTOSAR-Schichtmodell erfordert neue Testansätze

- neue Fehlerquellen, die ein Black-Box-Test gar nicht bzw. mit sehr hohem Aufwand aufdecken kann
- Heterogene Toollandschaft im AUTOSAR Umfeld
- „Schnelles Testen" der Applikationsschicht auf Hardware

Absicherung von AUTOSAR Steuergeräten

- Test der Applikationsschicht durch zahlreiche kommerzielle Tools
- RTE wird generiert, daher bisher kein großes Interesse an Test
- Basissoftwaremodule werden einzeln und im Verbund (Integrationstest) getestet aber nicht in Bezug auf die Applikation
- Statische Tests Werkzeug-abhängig und selten ausreichen
- Statischer Tests häufig auf einzelne Schichten bezogen

21.03.2016 CE Workshop Laubusch 2 www.tu-chemnitz.de

Gliederung

- **Konzept für die Absicherung von AUTOSAR ECUs**
- Workflow
- Implementierung und verwendete Werkzeugkette
- Zusammenfassung

Fakultät für Informatik
Professur Technische Informatik

Konzept für den Test von AUTOSAR Steuergeräten

Idee:

- Firmenunabhängige, statische Tests für die AUTOSAR Schichten während Entwicklung/Wiederverwendung
- Dynamische Tests der AUTOSAR Schichten während der Integrationsphase

Besonderheiten:

- Dynamischer Test auf Zielplattform und ohne Änderung des Zielobjektes
- Statischer Test firmenunabhängig
- AUTOSAR Wissensbasis
- Test nur durch AUTOSAR definierte Schnittstellen

Fakultät für Informatik
Professur Technische Informatik

Grundlegender Ablauf für den Test

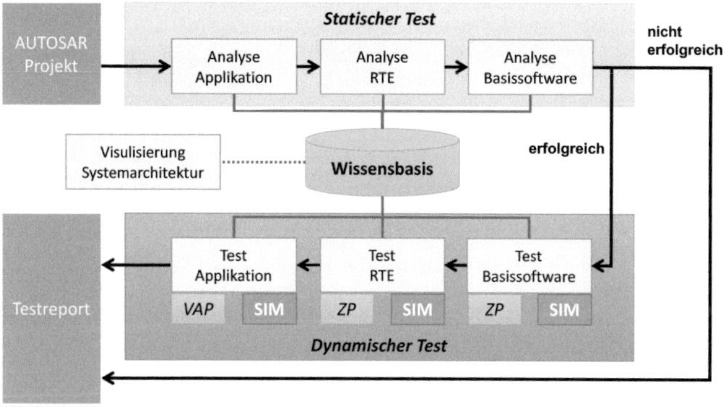

Fakultät für Informatik
Professur Technische Informatik

Konzept – Statischer Test für AUTOSAR Projekte

- Idee: Hersteller unabhängige Überprüfung der Konfigurationen und des Quellcodes
- Statische Tests können auf Modul-/Layerebene arbeiten
- Layer-übergreifende statische Tests besonders wertvoll
- Verbesserungsvorschläge können durch Wissensbasis erzeugt werden
- Statischer Test hier vor allem wichtige bei Austausch von Werkzeugen oder Zusammenführung verschiedener Schichten

→ Support während der Entwicklung, Hersteller unabhängig

Fakultät für Informatik
Professur Technische Informatik

Statischer Test – Beispiel Datentypen

```
<R-PORT-PROTOTYPE UUID="cb8143eb-8749-4599-b182-57cb05ec59d9">
 <SHORT-NAME>IntrLiGreenIn</SHORT-NAME>
 [...]
 <REQUIRED-INTERFACE-TREF DEST="SENDER-RECEIVER-INTERFACE">/Interfaces/LiIntCmd</REQUIRED-INTERFACE-TREF>
</R-PORT-PROTOTYPE>
```

System.arxml: port definition for IntrLiGreenIn

```
<SENDER-RECEIVER-INTERFACE UUID="5fabf30b-f225-4179-866a-df341792c292">
 <SHORT-NAME>LiIntCmd</SHORT-NAME>
 [...]
   <TYPE-TREF DEST="INTEGER-TYPE">/DataTypes/tuc_uint8</TYPE-TREF>
 [...]
</SENDER-RECEIVER-INTERFACE>
```

System.arxml: interface definition for LiIntCmd; uses tuc_uint8 datatype

```
void InteriorLight_IntrLiCtrl (void) {
 [...]
 tuc_bool green;
 green = Rte_IRead_IntrLiCtrl_IntrLiGreenIn_command();
 [...]
 status = Rte_Call_AmbLiOut_AmbientLightCmd(red, green, blue);
}
```

InteriorLight.c: source code of the runnable

Wrong datatype used!

21.03.2016 CE Workshop Laubusch 7 www.tu-chemnitz.de

Fakultät für Informatik
Professur Technische Informatik

Konzept – Aufbau für dynamischen Test RTE/BSW

- Testdurchführung durch Testmodul, das als Complex Device Driver Modul in die Basissoftware integriert ist
- Testmodul enthält Testabfolge, die auf Testwerte aus der Applikation enthält
- Testdurchführung und Auswertung wird durch externen Test PC geleitet

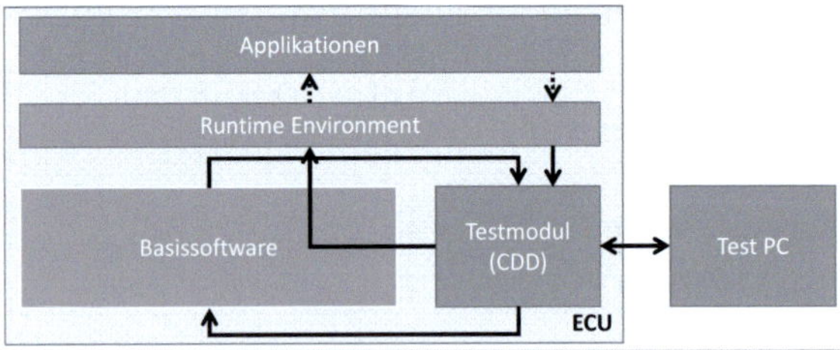

21.03.2016 CE Workshop Laubusch 8 www.tu-chemnitz.de

Sukzessiver Test der Basissoftwaremodule (Bsp. CAN Stack)

- Sukzessiver Test der Stacks in Richtung „Senden"
- Bei Fehler liegt ein Problem im letzten zum Testobjekt hinzugefügten Modul vor
- Stimulation der Module durch AUTOSAR Schnittstellen mit Applikationswerten
- Empfang und Auswertung auf Test PC

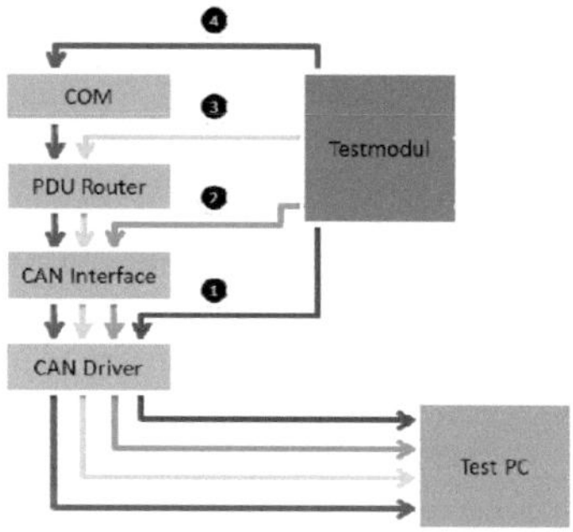

Timing Analyse Basissoftware und RTE

- Aktuell fehlende Spezifikation für WCET bei Basissoftware und RTE
- Timings können auf Modulebene gemessen werden
- Kein Beweis, aber sinnvoll für Evaluierung bzw. Vergleich von Konfigurationen

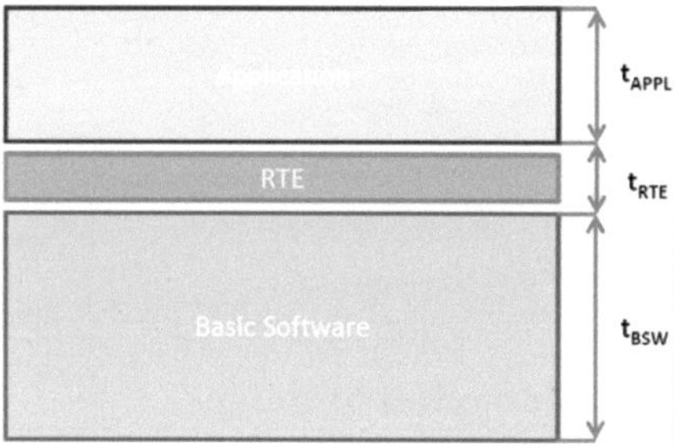

$$t = t_{APP} + t_{RTE} + t_{BSW}. \quad (1)$$

$$t_{BSW} = t_{Mod1} + t_{Mod2} + \cdots + t_{Modn}. \quad (2)$$

$$t_{CANSt} = t_{CAN} + t_{CANif} + t_{PduR} + t_{Com}. \quad (3)$$

Fakultät für Informatik
Professur Technische Informatik

Timing von Basissoftwaremodulen Com und PduR

Stimulation von AUTOSAR Schnittstellen, Empfangen von Signalen über Testmodul mit Zeitmessung

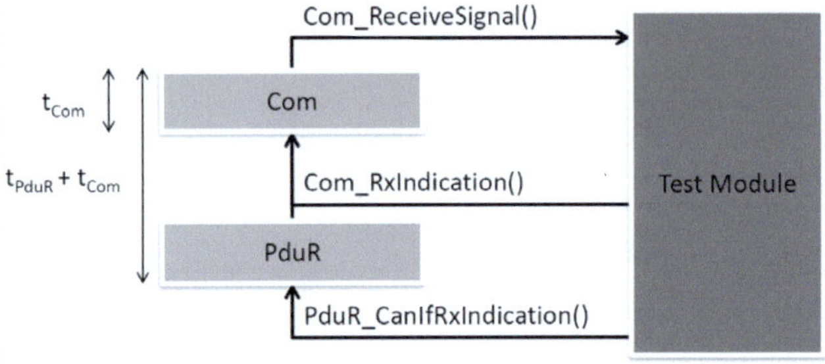

21.03.2016 CE Workshop Laubusch 11 www.tu-chemnitz.de

Fakultät für Informatik
Professur Technische Informatik

Dynamischer Test der Runtime Environment

- Weiterleitung von Signalen zwischen Applikationen sowie Basissoftware und Applikation
- Test der RTE mit Hilfe von Hook Funktionen, diese rufen Testmodul
- Aktivierung von Hook Funktionen notwendig (RTE_VFB_TRACE)
- Test der Applikation liegt nicht im Fokus
- Timer starten/stoppen durch Hook Funktion

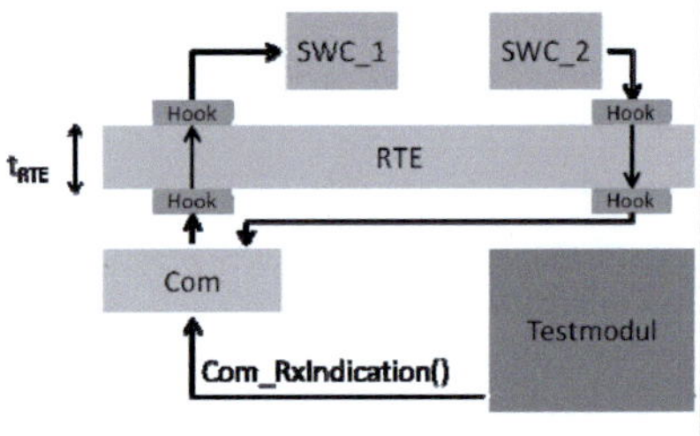

21.03.2016 CE Workshop Laubusch 12 www.tu-chemnitz.de

Fakultät für Informatik
Professur Technische Informatik

Erweiterung: Health Monitoring in AUTOSAR

- Kontrolle der Basissoftware und RTE auf der ECU zur Laufzeit für alle AUTOSAR Versionen
- Mögliches Eingreifen bei Fehlerdetektion (Bsp. Partition neustarten)
- Übertragungsmöglichkeit der Daten an externe Software
- Pattern Überwachung (Alive, Abfolge von Signalen,...)

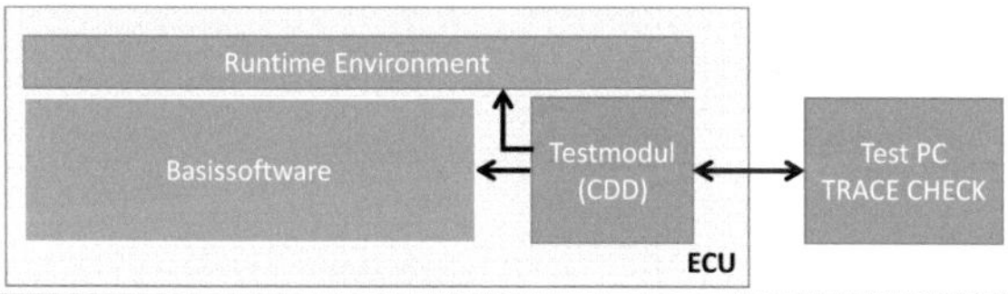

21.03.2016 CE Workshop Laubusch 13 www.tu-chemnitz.de

Fakultät für Informatik
Professur Technische Informatik

Gliederung

- Konzept für die Absicherung von AUTOSAR ECUs
- **Workflow**
- Implementierung und verwendete Werkzeugkette
- Zusammenfassung

21.03.2016 CE Workshop Laubusch 14 www.tu-chemnitz.de

Workflow

- Workflow für den statischen und dynamischen Test von AUTOSAR ECUs
- Reuse der Testfälle bei Änderung der SW-Architektur
- Integration der AUTOSAR Toolkette

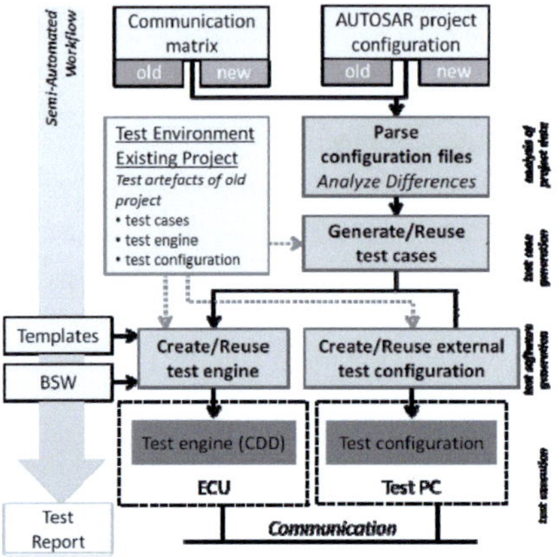

AUTOSAR Datenbasis

- Ziel: Auslagern des Wissens für den Testfallgenerator/Testmodulgenerators
- Datenbank, die Wissen über verfügbare AUTOSAR Versionen, Hersteller und Aufbau der Basissoftware/RTE enthält
  - → Testfallgenerator weiß welche Module in welcher Reihenfolge getestet werden müssen
  - → Testfallgenerator kennt Schnittstellen zwischen den Modulen
- Halbautomatische Befüllung der Datenbasis auf Grundlage von Konfigurationsdateien und Quellcode aus Beispielprojekten bzw. der Werkzeuge
- Für jedes Basissoftwaremodul ist funktionales Modell bzw. Referenzcode enthalten, auf Basis für einen Eingabewert der erwartete Ausgabewert ermittelt werden kann

Fakultät für Informatik
Professur Technische Informatik

Gliederung

- Konzept und Timing Analyse
- Workflow
- **Implementierung und verwendete Werkzeugkette**
- Zusammenfassung

21.03.2016 CE Workshop Laubusch 17 www.tu-chemnitz.de

Fakultät für Informatik
Professur Technische Informatik

Implementierung

Modulbasiertes C# Werkzeug bestehend aus
- Analyse Modul - Auslesen BSW Konfiguration
- Testfallgenerator Modul - Erzeugen von Testfällen
- Testgenerator Modul - Erzeugen Complex Device Driver

Austauschbarkeit der angesteuerten Werkzeuge

Um weitere Module erweiterbar

Aktueller Stand:
- Test des CAN Stacks
- Test des Memory Stacks
- Timing Analyse
- Manuelle Testfälle
- Statischer Test – Wissensbasis

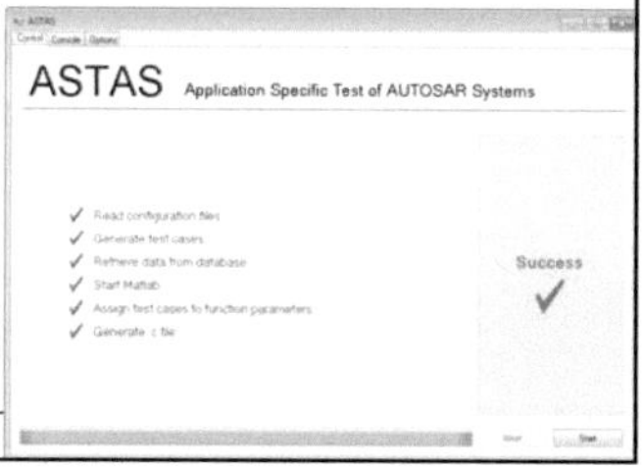

21.03.2016 CE Workshop Laubusch

Fakultät für Informatik
Professur Technische Informatik

Implementierung - Modultypen

- Umsetzung des Konzeptes in Form eines C# Tools
- Verbesserte Version des „ASTAS“ (Application Specific Test of AUTOSAR Systems)

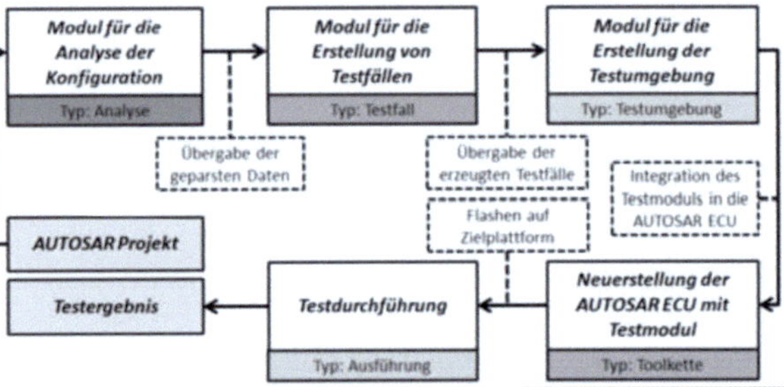

21.03.2016 CE Workshop Laubusch 19 www.tu-chemnitz.de

Fakultät für Informatik
Professur Technische Informatik

Gliederung

- Konzept und Timing Analyse
- Workflow
- Implementierung und verwendete Werkzeugkette
- **Zusammenfassung**

21.03.2016 CE Workshop Laubusch 20 www.tu-chemnitz.de

Wichtige Voraussetzungen für den Test

- Quellcode und Konfigurationen der Basissoftware und Runtime Environment notwendig
- Integration Testmodul in Basissoftware, Task-Priorisierung
- Entfernung der Funktionalität in Applikation – leere Softwarekomponenten, Komponenten an sich bleiben erhalten (betrifft nicht Health Monitoring)
- Kommunikationsverbindung zwischen Testmodul und externen Test PC
- Funktionale Modelle bzw. Referenzcode müssen erstellt und in der Datenbasis zur Verfügung gestellt werden
- Zugriffsrechte aus Complex Device Driver Bereich (für kommende Versionen)

Fakultät für Informatik
Professur Technische Informatik

Zusammenfassung

- Analyse und Lokalisierung von Fehlern in den Schichten eines AUTOSAR Steuergerätes
- Menge an statische und dynamischen Tests um Entwicklungsprozess zu unterstützen
- Evaluierung verschiedener Konfigurationen/Implementierungen
- Test der Basissoftware und RTE auf Programmier- und Konfigurationsfehler
- Test an Hand von AUTOSAR konformen Schnittstellen mit applikationsspezifischen Signalen
- Test auf der Zielhardware
- Anwendbar auf alle aktuelle verfügbaren AUTOSAR Versionen, ohne relevanten Zusatzaufwand

Vielen Dank für Ihre Aufmerksamkeit!

Norbert Englisch
TU Chemnitz
Straße der Nationen 62
09111 Chemnitz / GERMANY
Mail: enn@hrz.tu-chemnitz.de
Phone: 0049 371 531 38136

Fakultät Informatik
Professur Technische Informatik

Automotive Demonstratoren (YellowCar / Black Pearl)

Felix Hänchen

Laubusch, 21. März 2016

Fakultät Informatik
Professur Technische Informatik

Gliederung

1. ***YellowCar***
2. ***Black Pearl***
3. ***Ausblick***

Laubusch · 21. März 2016 · Felix Hänchen 2 CE Abschluss-Workshop - Automotive Demonstratoren

Fakultät Informatik
Professur Technische Informatik

YellowCar

- Aktuell 2 Versionen
  - AUTOSAR 2.1 (Freescale S12X)
  - AUTOSAR 3.1 (STM SPC560L)
- 3 über einen CAN-Bus vernetzte ECUs an den Seiten und auf der Motorhaube
- Insgesamt 6 Ultraschallsensoren an Front und Heck
- Temperatursensor
- Drehzahlsensor an angetriebenem Rad
- Unterschiedliche Fahrdemos

Laubusch · 21. März 2016 · Felix Hänchen 3 CE Abschluss-Workshop - Automotive Demonstratoren

Fakultät Informatik
Professur Technische Informatik

Black Pearl – Überblick

- Migration des YellowCar auf AUTOSAR 4
- Erweiterungen in Sensorik und Aktorik
  - Insgesamt 10 Ultraschallsensoren (jeweils 3 nach vorn / hinten; 2 an jeder Seite)
  - Beschleunigungssensor
  - Gyroskop
  - Kompass
  - Raddrehzahlsensoren an jedem Rad
  - Temperatursensoren
  - Mikrophon
  - (GPS)

Laubusch · 21. März 2016 · Felix Hänchen 4 CE Abschluss-Workshop - Automotive Demonstratoren

Fakultät Informatik
Professur Technische Informatik

Black Pearl – Geplante Funktionalitäten

- Abstandswarnung / Kollisionsverhinderung
- Parklückendetektion
- Automatisiertes Einparken
- Untergrunderkennung
  - Mithilfe der Raddrehzahlsensoren
  - Anpassen der Ultraschallsensoren möglich
- Positionserkennung
- Hinzufügen neuer ECUs für zusätzliche Funktionalitäten
  - ADAS-ECU
  - Network-Gateway
  - Raspberry Pi als Server

Laubusch · 21. März 2016 · Felix Hänchen 5 CE Abschluss-Workshop - Automotive Demonstratoren

Fakultät Informatik
Professur Technische Informatik

Black Pearl – Rack

- YellowCar ➔ Erweiterung der Anzahl an Steuergeräten nur schwer möglich
- Black Pearl ➔ Lösung für dieses Problem nötig
- Unterschiedliche Lösungsmöglichkeiten
  - Rack in YellowCar
  - Rack auf Motorhaube
  - Rack am Heck des YellowCar
- Realisierung des Racks mithilfe von Aluprofilen und Schienen
  - 20 x 20 mm stark
  - Einfach erweiterbar
  - Robust
  - Einschieben neuer ECUs möglich

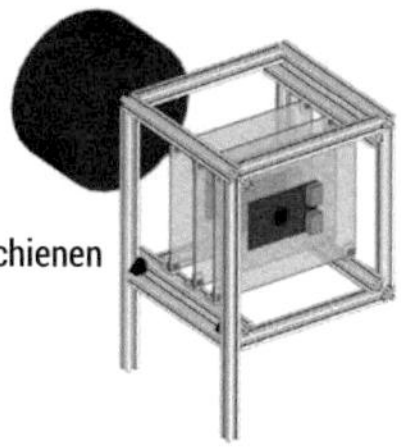

Laubusch · 21. März 2016 · Felix Hänchen 6 CE Abschluss-Workshop - Automotive Demonstratoren

Black Pearl – Aufbau

- Mehrere ECUs im Rack
- Zentraler Sensor- und Kontrollknoten zum Weiterleiten der Sensordaten im Fahrzeug
- Verbindung des Sensorknoten mit ECUs im Rack über Bussystem
- Zweiter Bus zur Kommunikation der ECUs untereinander

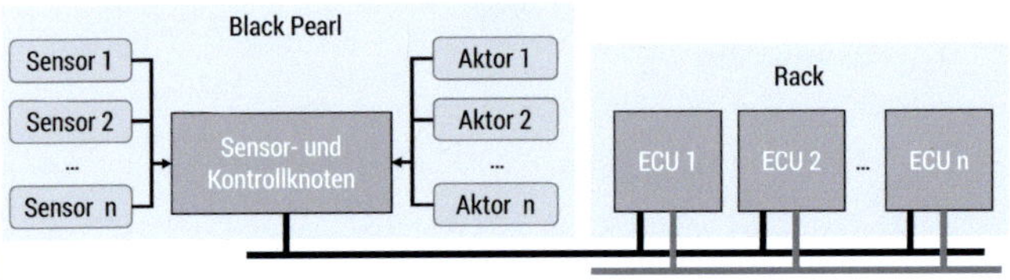

Black Pearl – Systemarchitektur

- AUTOSAR 4
- Migration der alten Systemarchitektur aus drei Software-Kompositionen
- Schrittweise Erweiterung und Anpassung an neue Sensoren und Aktuatoren
- Hinzufügen neuer Komponenten für Assistenzsysteme geplant

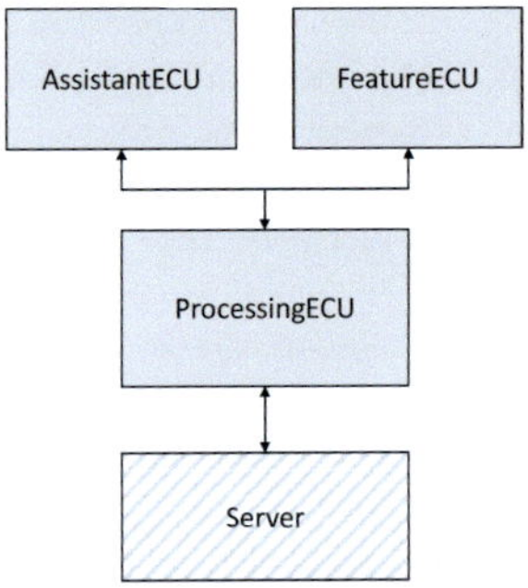

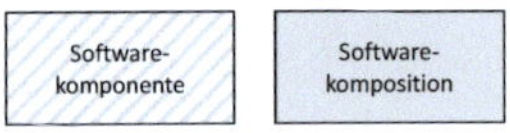

Black Pearl – Arbeiten

- 3D-Darstellung des Demonstrators – Forschungspraktikum
  - Lichtfunktionalität
  - Fahrzustand
  - Fahrzeugposition

- Automatisierter Testprozess beim Hinzufügen neuer Komponenten in der Systemarchitektur – Masterarbeit

- Idee: Testprozess für YellowCar / Black Pearl

Ausblick

- Januar 2016:
  - Lieferung neuer AUTOSAR-Plattform (STM SPC564L)
  - Fertigstellung des Racks
  - Fertigstellung neuer Systemarchitektur
  - Test des neuen Systems
- Februar 2016:
  - Fertigstellung Black Pearl (Stand YellowCar)
- Im Laufe des Jahrs 2016:
  - Hinzufügen und Testen neuer Sensoren und Aktuatoren
  - Hinzufügen neuer Assistenzsysteme

Fakultät Informatik
Professur Technische Informatik

Vielen Dank für Ihre Aufmerksamkeit!

Laubusch · 21. März 2016 · Felix Hänchen 11 CE Abschluss-Workshop - Automotive Demonstratoren

Fakultät für Informatik
Professur Technische Informatik

SWC Mapping for Automotive Systems and Self Adaptation

Owes Khan,
Prof. Dr. Wolfram Hardt
Chemnitz, 21st April, 2016

Fakultät für Informatik
Professur Technische Informatik

ECU network in a car

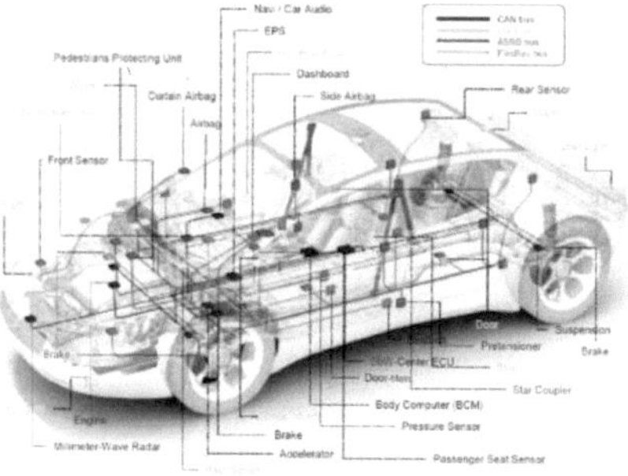

Fig. 1: ECU network along with the common applications in car [8]

Motivation : Software mapping to ECUs (E-mobility 2011/12)

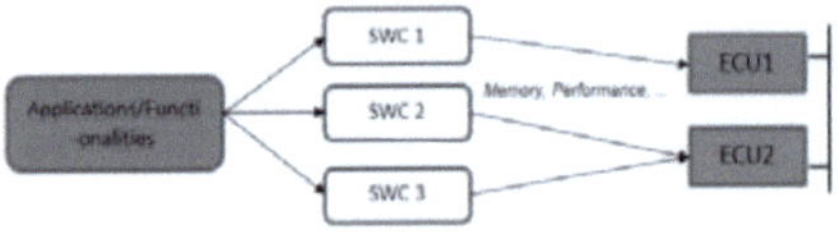

Fig. 2: Functionality-ECU mapping [5]

Mode	EV Subsystem [o = on]		
	Engine	Charger	Safety
Drive	o		o
Charge		o	o
Park			o

Table 1 : Required vehicle subsystems based on Vehicle modes [5]

Example: Power consumption based on pre-determined modes.

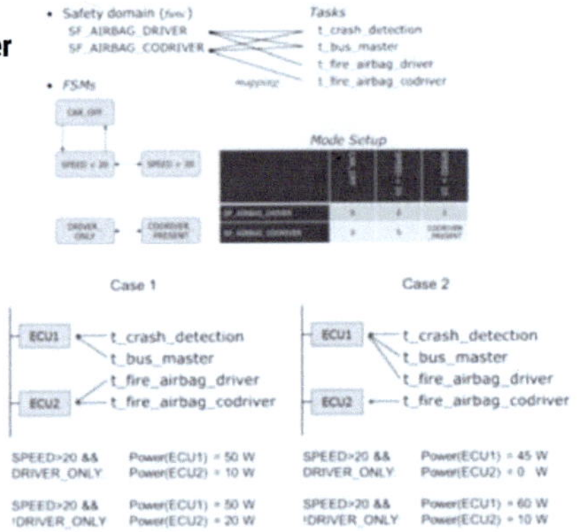

Emobility 2011/12 – Power optimisation concept and results

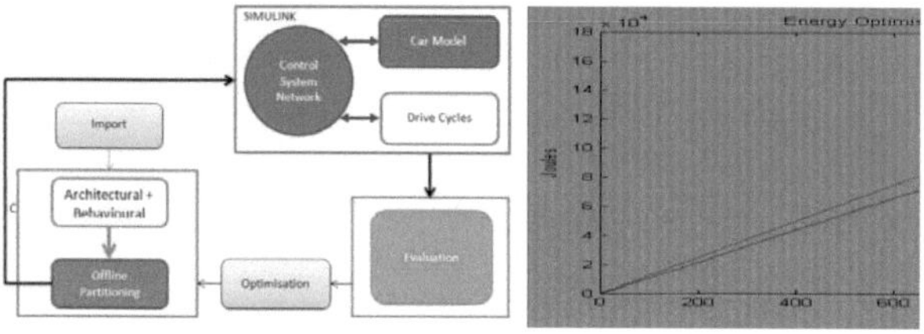

Fig. 3: Implementation model of the Emobility 2012 Project and its results [5]

Fakultät für Informatik
Professur Technische Informatik

Recent research at Microsoft: Energy-optimal software partitioning

- Power state machine
- Cost function
- Objective function

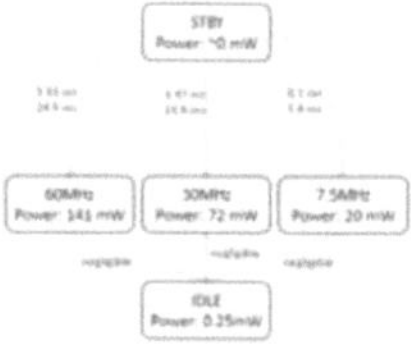

Fig. 4: Power state machine of a heterogeneous resource operating at different speeds [2]

Parameter	ARM7 @2.5V	MSP430 @3V
Active power at full speed (mW)	141 @60MHz	10.8 @6MHz
Active power at 1/2 speed (mW)	72	5.4
Active power at 1/4 speed (mW)	—	2.7
Active power at 1/8 speed (mW)	20	1.4
Idle power (mW)	0.25	0.005
Standby power (mW)	negligible	negligible
Wakeup energy (to full speed) (mJ)	1.5	negligible
Wakeup energy (to lowest speed) (mJ)	0.1	negligible
Wakeup time (to full speed)	24.5ms	6μs
Wakeup time (to lowest speed)	1.4ms	< 6μs

Table 2: Results of power consumption of two different architectures at different Operating frequencies based on cost and object functions implemented for research [2]

ECU software development

- 80-100 ECUs
- Heterogeneous system
- Development using standardised architecture and process (AUTOSAR)

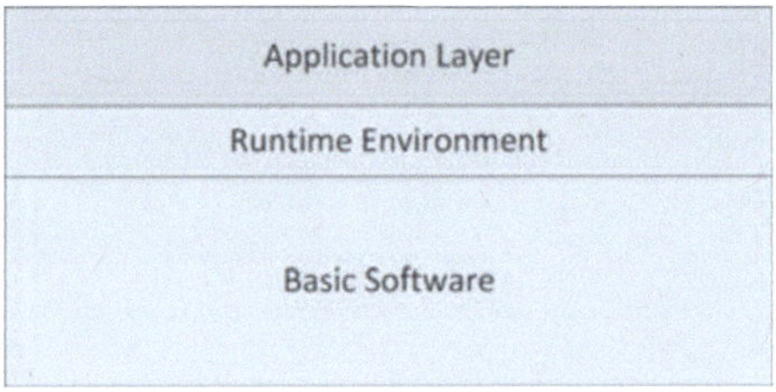

Fig. 5: AUTOSAR layered architecture [7]

Fakultät für Informatik
Professur Technische Informatik

AUTOSAR methodology

- SWC-ECU mapping done manually
- Generally mapped by the developing group
- Feasibility? efficiency?

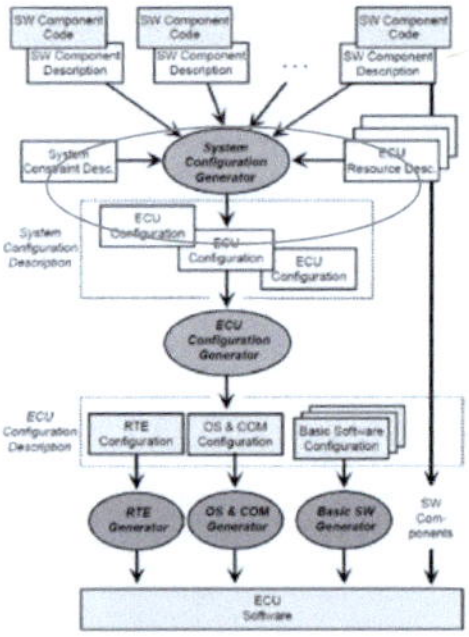

Fig. 6: AUTOSAR methodology [4]

Fakultät für Informatik
Professur Technische Informatik

Challenges to introduce such partitioning schemes to automotive software development

- Hardware resource constraints
- Preservation of predefined constraints
- Real-time schedulability constraints
- Static OS – static tasks
- Problems in modelling a dynamic system for self adaptability
- Emergent behaviour : System Properties cannot be defined from a simple summation of constituent properties of its sub-system
- Integration with standardised software development methods : AUTOSAR
- No. of ECUs cannot be increased
- Creating realistic models

Chemnitz, 21st April 2016 9 Owes Khan - www.tu-chemnitz.de/cs/ce

Fakultät für Informatik
Professur Technische Informatik

Adaptive AUTOSAR

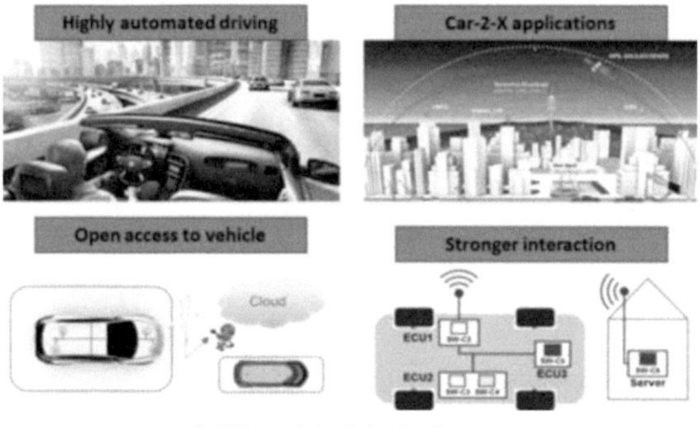

Fig. 7: Future applications for the automotive industry and the need for adaptive software [3]

Chemnitz, 21st April 2016 10 Owes Khan - www.tu-chemnitz.de/cs/ce

Fakultät für Informatik
Professur Technische Informatik

Adaptive AUTOSAR structure

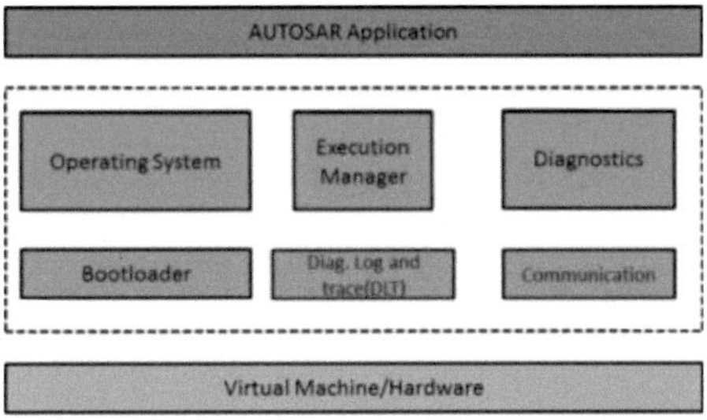

Fig. 8: Proposed architecture (abstract) by AUTOSAR for adaptive Platforming [3]

Chemnitz, 21st April 2016 11 Owes Khan - www.tu-chemnitz.de/cs/ce

Fakultät für Informatik
Professur Technische Informatik

Concept

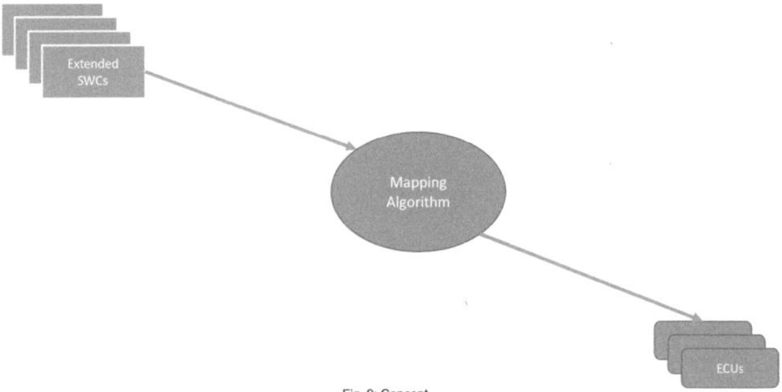

Fig. 9: Concept

Chemnitz, 21st April 2016 12 Owes Khan - www.tu-chemnitz.de/cs/ce

Concept

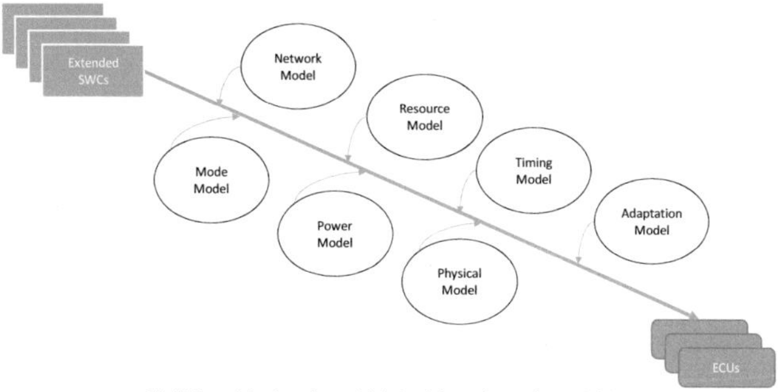

Fig. 11: Concept showing various models that are to be used as mapping constraints

Current realisation structure for deployment

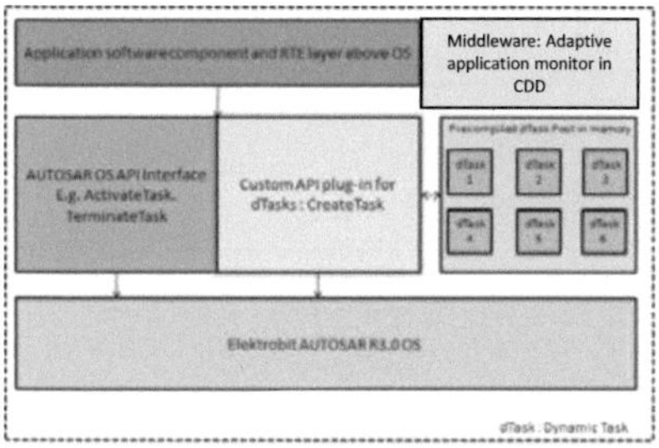

Fig. 12: Current implementation architecture representing a modified AUTOSAR OS enabling adaptivity on a static platform

Conclusion

- Efficiency in resource mapping
- Provision for Adaptive AUTOSAR mapping ability
- Offline generated scheme
- No changes in the already existing state of the art specifications
- Central base for implementation and realisation of a complete automotive system
- Enables OTA, feature adaptation, fault tolerance

Thank you for your attention

References

1. Introduction to SystemDesk 3.x, dSPACE GmbH.
2. Michel Goraczko, Jie Liu, Dimitrios Lymberopoulos, Slobodan Matic, Bodhi Priyantha, and Feng Zhao. 2008. Energy-optimal software partitioning in heterogeneous multiprocessor embedded systems. In *Proceedings of the 45th annual Design Automation Conference* (DAC '08). ACM, New York, NY, USA, 191-196. DOI=http://dx.doi.org/10.1145/1391469.1391518
3. Markus Bechter,. 2015 AUTOSAR Adaptive Platform. 8th AUTOSAR Open Conference, Tokyo, Japan
4. "AUTOSAR Methodology R4.2," AUTOSAR GbR.
5. Owes Khan, Wolfram Hardt. Energy optimal offline partitioning for electric vehicles. Emobility workshop 2012, Laubusch, Germany
6. P. Sawyer, N. Bencomo, J. Whittle, E. Letier and A. Finkelstein, "Requirements-Aware Systems: A Research Agenda for RE for Self-adaptive Systems," *2010 18th IEEE International Requirements Engineering Conference*, Sydney, NSW, 2010, pp. 95-103. doi: 10.1109/RE.2010.21
7. Technical Overview R3.1, AUTOSAR GbR. [Online]. Available: http:// www.autosar.org/download/R3.1/AUTOSAR TechnicalOverview.pdf [Accessed:22.03.2014]
8. Electromagnetic Compatibility for Electric Vehicles, CAN Bus. [Online]. Available: http://www.flexautomotive.net/EMCFLEXBLOG/post/2015/09/08/can-bus-for-controller-area-network [Accessed 22.03.2014]

Fakultät für Informatik
Professur Technische Informatik

Mehrdimensionales Clustering

in drahtlosen Sensornetzwerken

Mirko Lippmann

Technische Universität Chemnitz

Übersicht

- Überblick
  - Mehrdimensionales Clustering
  - Applikationsclustering
- Rückblick: Ziele 2015 / 2016
- Simulation
  - Erweitere Simulationsmodel
  - Definition der Szenarien
- Weitere Arbeiten / Ausblick

Fakultät für Informatik
Professur Technische Informatik

Einleitung

- Sensornetzwerke:
  - Menge an Sensorknoten
  - Drahtlose Kommunikation
- Ressourcen
  - Stark begrenzt
    - Rechenleistung, Energie, Sensorik
- Energieeffizienz → Verlängerung der Laufzeit
  - Einzelnen Sensorknoten
  - Gesamtes Netzwerk

CE - Workshop 2016 3 Mirko Lippmann - www.tu-chemnitz.de/cs/ce

Fakultät für Informatik
Professur Technische Informatik

Mehrdimensionales Clustering

- Clustering:
  - Logische Gruppierung von Sensorknoten durch definierte Eigenschaften
- Netzwerkcluster
  - Gruppierung von naheliegenden Knoten zu kleinen Teilnetzwerken
  - Kommunikation zwischen Clustern über Gateways
- Applikationscluster
  - Gruppierung der Sensorknoten mit ausgewählten Eigenschaften bzgl. der Applikation
    - Temperaturmessung in einem Raum mit mehreren gleichartigen Sensorknoten
    - Gruppierung nach Energiereserven

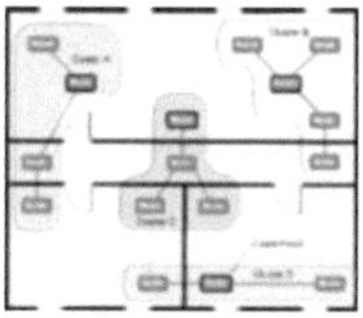

Network Clustering

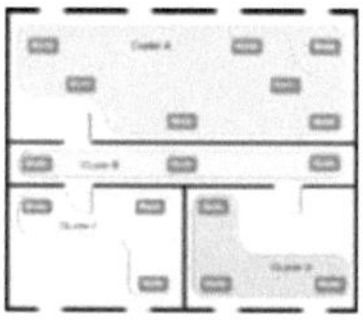

Application Clustering

CE - Workshop 2016 4 Mirko Lippmann - www.tu-chemnitz.de/cs/ce

Fakultät für Informatik
Professur Technische Informatik

Vorteile des Mehrdimensionalen Clusterings

- Getrennte, unabhängige Optimierung möglich
  - Auf Kommunikationsebene
    - Effiziente Routingverfahren
  - Auf Applikationsebene
    - Optimale Energienutzung
    - Günstige Auslastung des Sensornetzwerkes
- Dynamische (effiziente) Verteilung der Applika

  - Anpassung an vorhandene Ressourcen (Energie)
  - Verteiltes Scheduling
- Funktion der „Gesamtapplikation“ auf maximale Zeit optimiert
  - Kompensation ausgefallener Sensorknoten
  - Ressourcenschonung systemrelevanter Sensorknoten

CE - Workshop 2016 5 Mirko Lippmann - www.tu-chemnitz.de/cs/ce

Fakultät für Informatik
Professur Technische Informatik

Stand 2016

- Betriebssystem
- Definition Demonstrator
- Treiber
- Recherche
- Clustering
- Übertragung „Applikation“
- Implementation
- Routingverfahren

- Szenarien / Simulation
- Schriftliche Ausarbeitung

CE - Workshop 2016 6 Mirko Lippmann - www.tu-chemnitz.de/cs/ce

Simulation

- Omnet++ / MiXiM
  - Integration Wake-Up-Receiver
    - Aufwecken mit speziellen Netzwerkpaketen
    - Keine Simulation der Wake-Up-Verzögerung
      - Realisierung über zeitgesteuerte Self-Events möglich
  - Erweiterung des Sensorknotens
    - Unterschiedliche Sensoren
    - Verarbeitungskette
    - Prozessor mit unterschiedlichen Energiesparmodi
    - Speicher
  - Einzelne Verbrauchswerte für einzelnen Komponenten in Abhängigkeit der Nutzung

➔ Simulation wird realistischer

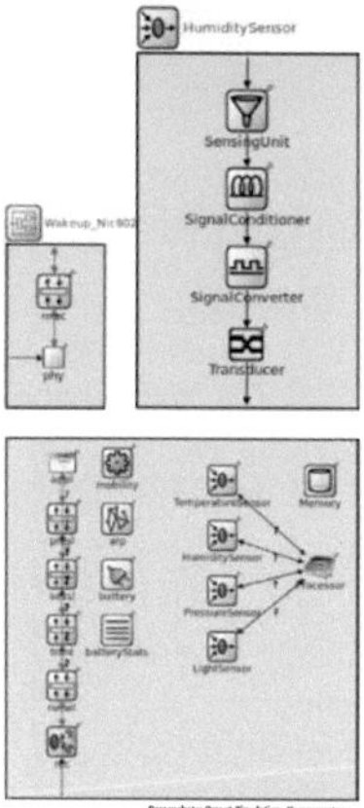

Screenshots: Omnet-Simulation- Komponenten

Szenario

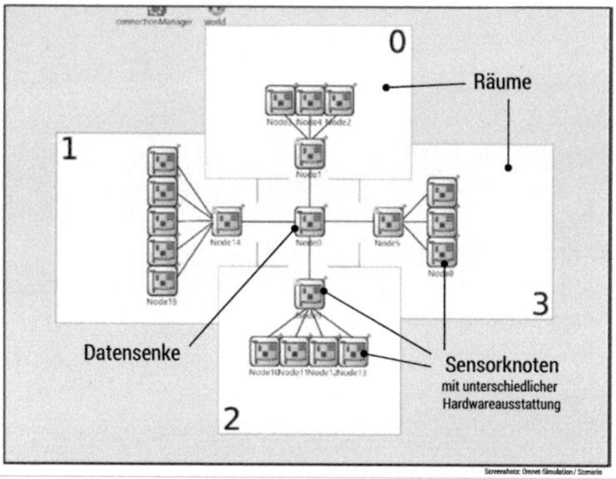

Screenshots: Omnet-Simulation / Szenario

Fakultät für Informatik
Professur Technische Informatik

Szenario 1

- Grundlage
  - Unterschiedliche Sensorik
  - Einfaches Routing
    - Baumstruktur
    - Fest definierte Verbindungen
- Klassisches Sensornetzwerk
  - Alle Sensorknoten senden regelmäßig alle Daten zu einer Datensenke
  - Duty Cycling für Funkübertragung
  - Kein WakeUp-Receiver

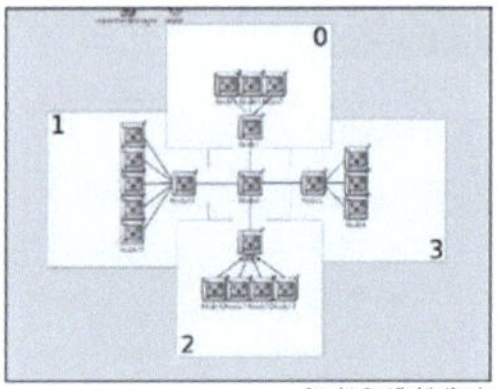

Screenshots: Omnet-Simulation / Szenario

- Auswertung
  - Datenaufkommen / Redundanzen
  - Energieverbrauch
    - Gesamtes Netzwerk
  - Laufzeit
    - Knoten / Netzwerk

CE - Workshop 2016 9 Mirko Lippmann - www.tu-chemnitz.de/cs/ce

Fakultät für Informatik
Professur Technische Informatik

Szenario 2

- Grundlage
  - Unterschiedliche Sensorik
  - Einfaches Routing
    - Baumstruktur
    - Fest definierte Verbindungen
- Klassisches Sensornetzwerk
  - Alle Sensorknoten senden regelmäßig alle Daten zu einer Datensenke
  - Gleiches Zeitverhalten wie Szenario 1
  - WakeUp-Receiver statt DutyCycling

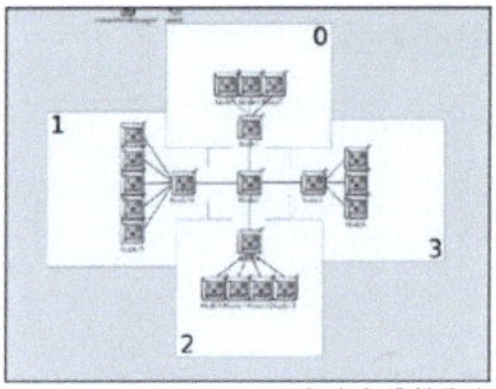

Screenshots: Omnet-Simulation / Szenario

- Auswertung
  - Datenaufkommen / Redundanzen
  - Energieverbrauch
    - Gesamtes Netzwerk
  - Laufzeit
    - Knoten / Netzwerk

CE - Workshop 2016 10 Mirko Lippmann - www.tu-chemnitz.de/cs/ce

Fakultät für Informatik
Professur Technische Informatik

Szenario 3

- Grundlage
  - Unterschiedliche Sensorik
  - Einfaches Routing
    - Baumstruktur
    - Fest definierte Verbindungen
- Applikationsclustering
  - Anforderung von der Datensenke
    - Angabe der gewünschten Ressourcen
      - Sensorik, Lokalität, Energielevel
    - Verteilung der Anwendung durch Koordinator
  - Mit WakeUp-Receiver

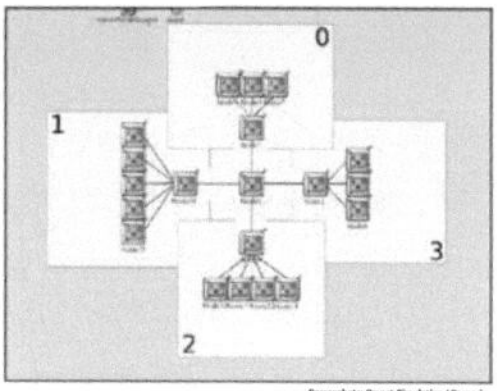

Screenshots: Omnet-Simulation / Szenario

- Auswertung
  - Datenaufkommen / Redundanzen
  - Energieverbrauch
    - Gesamtes Netzwerk
  - Laufzeit
    - Knoten / Netzwerk

CE - Workshop 2016 | 11 | Mirko Lippmann - www.tu-chemnitz.de/cs/ce

Fakultät für Informatik
Professur Technische Informatik

Szenario 4

- Grundlage
  - Einheitliche Aktuatoren
  - Kein Routing
    - Broadcast-Messages
    - Event-Generator
- Applikationsclustering
  - Getriggert durch Event
    - Generierung einer Applikation
      - Sensorik, Lokalität
    - Verteilung der Anwendung durch Koordinator
  - Mit WakeUp-Receiver

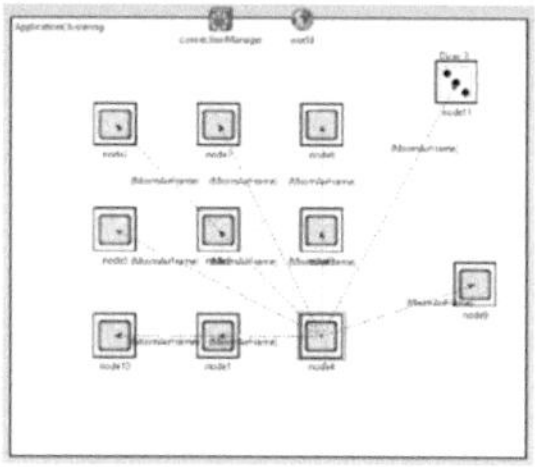

Screenshots: Omnet-Simulation / Würfelszenario

- Auswertung
  - Energieverbrauch
    - Gesamtes Netzwerk
  - Laufzeit
    - Knoten / Netzwerk
  - Vergleich mit Hardware

CE - Workshop 2016 | 12 | Mirko Lippmann - www.tu-chemnitz.de/cs/ce

Schriftliche Arbeit - Schwerpunkte

- Energieeffizienz in drahtlosen Sensornetzwerken
  - Definitionen
  - Optimierungsansätze
    - Netzwerk und Topologie
    - Hardwareebene
    - Anwendungen → Mehrdimensionales Clustering / Applikationsclustering
- Stand der Technik
- Applikationsclustering
  - Konzept für heterogene Sensornetzwerke
- Simulation
- Evaluierung (Hardware / Demonstrator)

Fakultät für Informatik
Professur Technische Informatik

Ausblick / Weitere Arbeiten

- Vorbereitung, Durchführung der Simulation
  - Studentische Arbeiten (Thomas Ruckert, Paul Gerber)
- Auswertung und Vergleich

- Publikationen
  - Mehrdimensionales Clustering
  - Applikationsclustering

- Schreiben der eigenen Arbeit

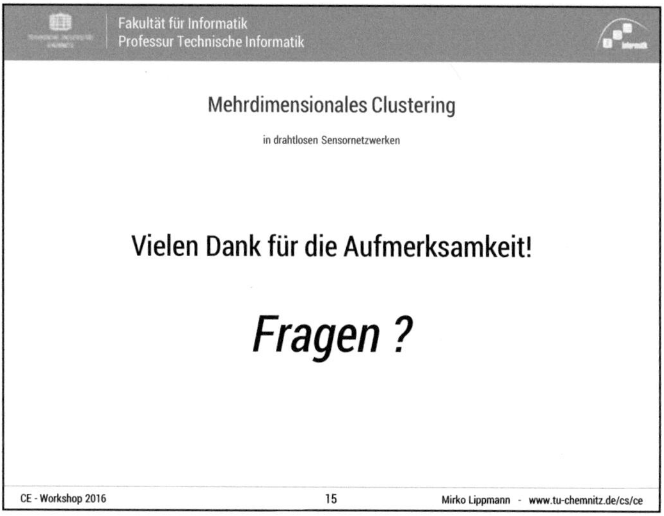
Fakultät für Informatik
Professur Technische Informatik
Mehrdimensionales Clustering
in drahtlosen Sensornetzwerken
Vielen Dank für die Aufmerksamkeit!
Fragen ?
CE - Workshop 2016
15
Mirko Lippmann - www.tu-chemnitz.de/cs/ce

Technische Universität Chemnitz
Fakultät für Informatik
Professur Technische Informatik

Professur Technische Informatik
Prof. Dr. Wolfram Hardt

Verteiltes Applikations- und Ressourcen-management für rekonfigurierbare Rechencluster

Computer Engineering Workshop 2016
IBS Laubusch

Dipl.-Inf. Michael Nagler

21.03.2016 www.tu-chemnitz.de

Fakultät für Informatik
Professur Technische Informatik

Gliederung

1. Verteiltes Management
2. Taskmapping
3. Evaluation System

21.03.2016 CE Workshop 2 www.tu-chemnitz.de

Fakultät für Informatik
Professur Technische Informatik

Verteiltes Management

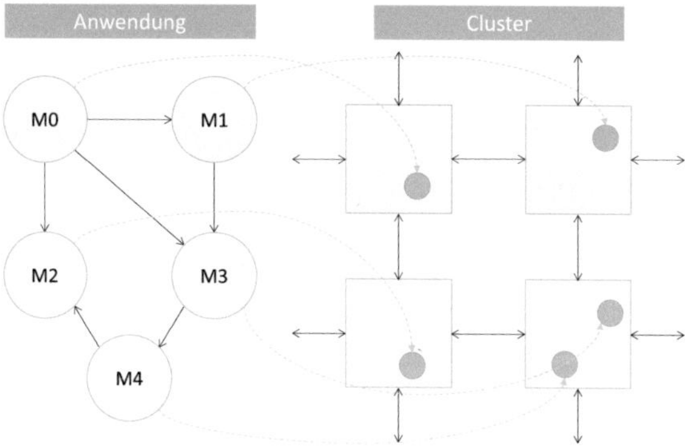

Fakultät für Informatik
Professur Technische Informatik

Verteiltes Management

→ Ressoucen knapp

- Weniger FPS
- Geringere Auflösung
- Ungenauere Ergebnisse

✓ **Qualitätsverlust wird in Kauf genommen**

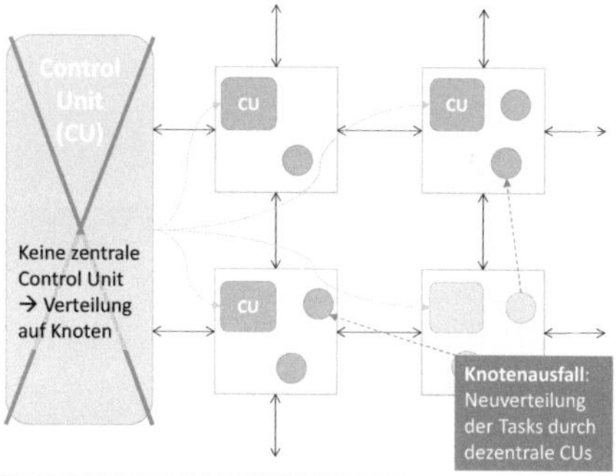

Gliederung

1. Verteiltes Management
2. Taskmapping
3. Evaluation System

Taskmapping

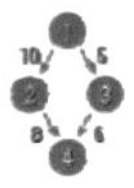

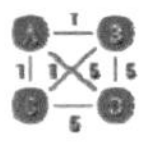

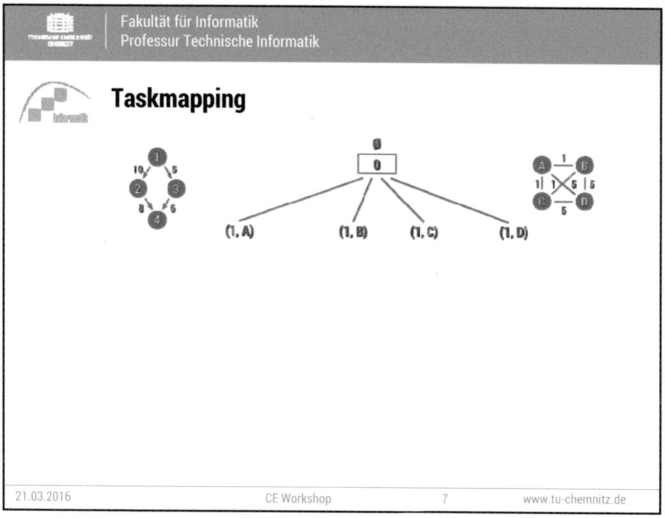

Fakultät für Informatik
Professur Technische Informatik
Taskmapping
1
10
5
2
3
8
6
4
Ø
0
(1, A)
(1, B)
(1, C)
(1, D)
A
B
C
D
1
1
1
5
5
5
21.03.2016
CE Workshop
7
www.tu-chemnitz.de

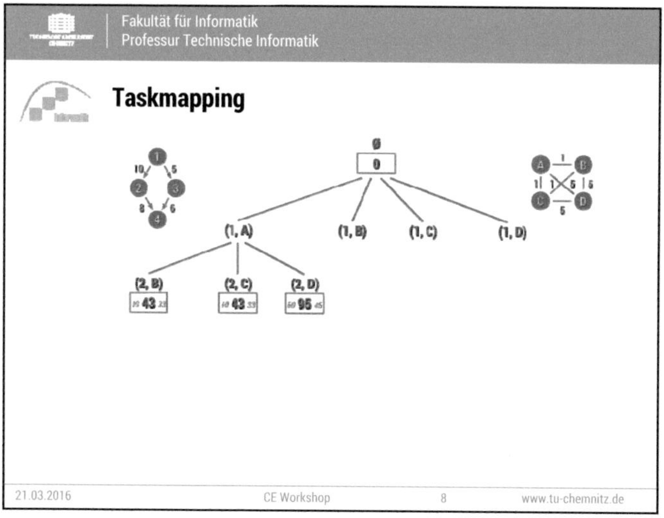

Fakultät für Informatik
Professur Technische Informatik
Taskmapping
1
10
5
2
3
8
6
4
Ø
0
(1, A)
(1, B)
(1, C)
(1, D)
(2, B)
43
(2, C)
43
(2, D)
95
A
B
C
D
1
1
1
5
5
5
21.03.2016
CE Workshop
8
www.tu-chemnitz.de

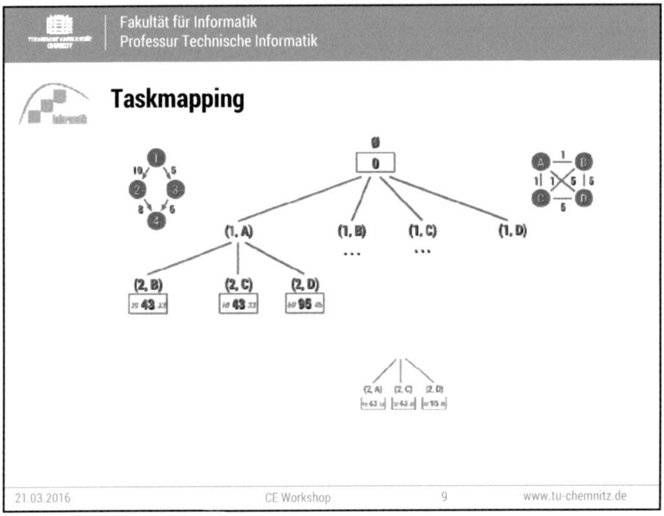
Fakultät für Informatik
Professur Technische Informatik
Taskmapping
∅
0
(1, A)
(1, B)
(1, C)
(1, D)
(2, B)
(2, C)
(2, D)
43
43
95
21.03.2016
CE Workshop
9
www.tu-chemnitz.de

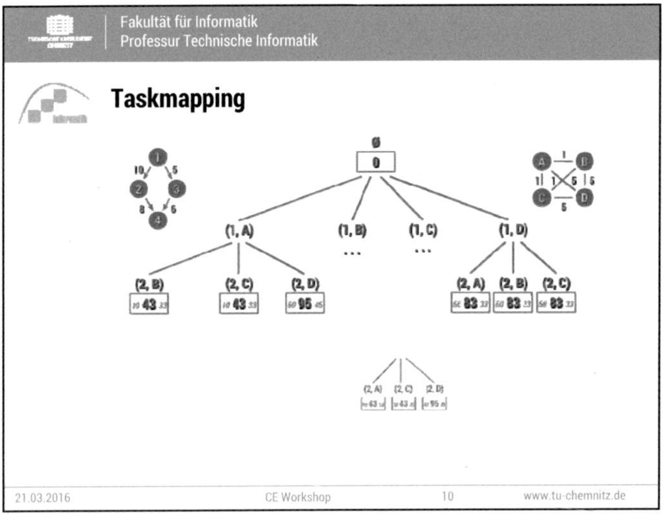
Fakultät für Informatik
Professur Technische Informatik
Taskmapping
∅
0
(1, A)
(1, B)
(1, C)
(1, D)
(2, B)
(2, C)
(2, D)
43
43
95
(2, A)
(2, B)
(2, C)
83
83
83
21.03.2016
CE Workshop
10
www.tu-chemnitz.de

Fakultät für Informatik
Professur Technische Informatik

Taskmapping

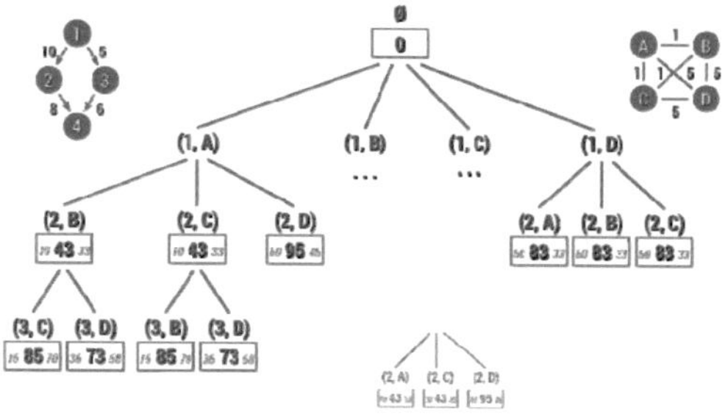

21.03.2016 CE Workshop 11 www.tu-chemnitz.de

Fakultät für Informatik
Professur Technische Informatik

Taskmapping

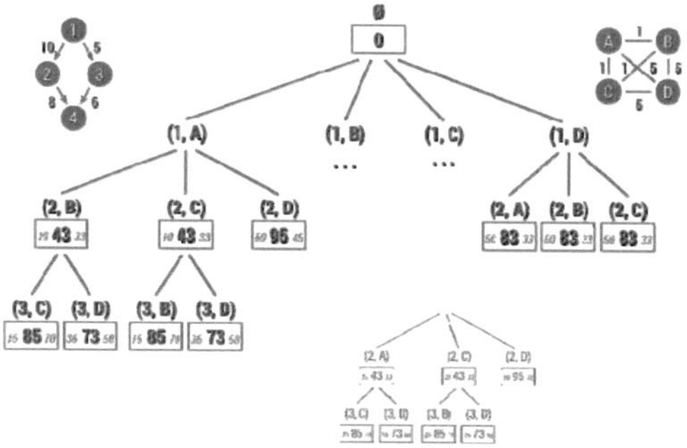

21.03.2016 CE Workshop 12 www.tu-chemnitz.de

Fakultät für Informatik
Professur Technische Informatik

Taskmapping

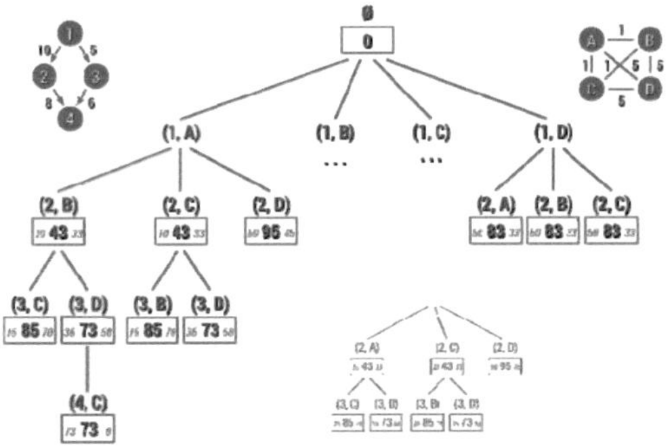

Fakultät für Informatik
Professur Technische Informatik

Ergebnisse – 12 Module, 17 Slots

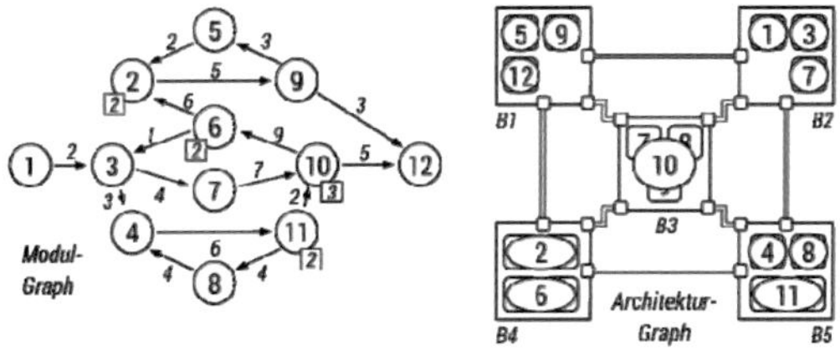

	Graph Matching	*Brute Force*
Laufzeit:	56,6 ms	886,3 ms
Speicherverbrauch:	164,2 kB	4,5 kB

Fakultät für Informatik
Professur Technische Informatik

Ergebnisse – 10 Module, 12 Slots

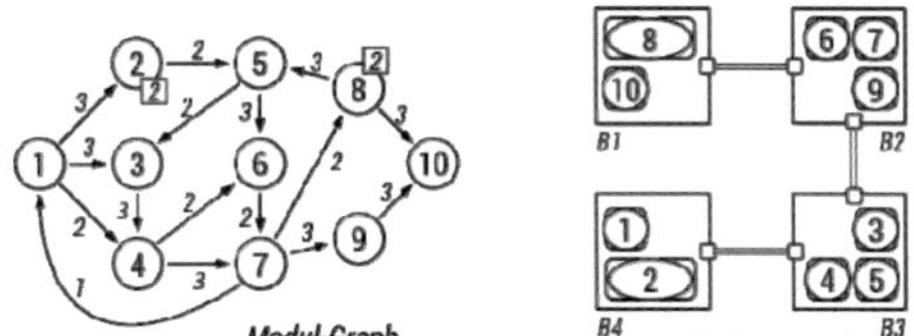

Modul-Graph

Architektur-Graph

	Graph Matching	Brute Force
Laufzeit:	39,1 ms	32,4 ms
Speicherverbrauch:	120,0 kB	3,4 kB

21.03.2016 CE Workshop 15 www.tu-chemnitz.de

Fakultät für Informatik
Professur Technische Informatik

Verbesserungen

- Gütemaß für Zustände im Baum
  - Fortschritt berücksichtigen
  - Eventuell schlechtere Werte akzeptieren
- Berücksichtigung Symmetrie
- Speicheroptimierung?

→ Abschlussarbeit

21.03.2016 CE Workshop 16 www.tu-chemnitz.de

Fakultät für Informatik
Professur Technische Informatik

Gliederung

1. Verteiltes Management
2. Taskmapping
3. Evaluation System

21.03.2016 CE Workshop 17 www.tu-chemnitz.de

Fakultät für Informatik
Professur Technische Informatik

Aufbau

- FPGA Cluster aus Digilent Nexys 3 Boards
- Kommunikation
  - On-Chip: ReconfBus (RCB)
  - Inter-Chip: Ethernet (100 Mbit)

21.03.2016 CE Workshop 18 www.tu-chemnitz.de

Fakultät für Informatik
Professur Technische Informatik

Anwendung

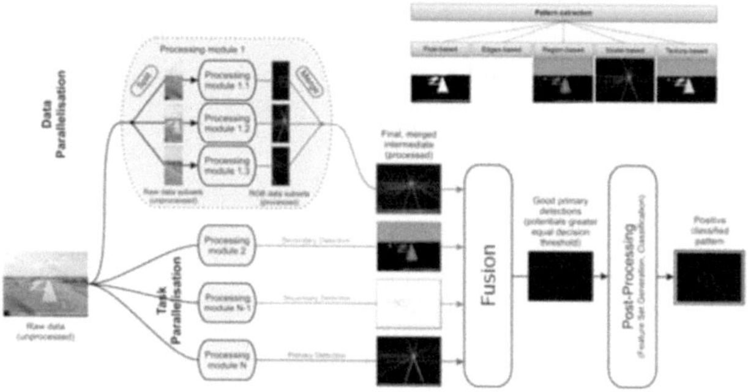

21.03.2016 CE Workshop 19 www.tu-chemnitz.de

Fakultät für Informatik
Professur Technische Informatik

Nächste Schritte

- RCB-Ethernet-Bridge
- JPEG Demonstrator
- Vergleich mit JPEG Demonstrator auf Virtex 6

→ Geringe Bandbreite (100 Mbit) kein Problem

→ Overhead für Kommunikation möglichst gering

21.03.2016 CE Workshop 20 www.tu-chemnitz.de

TECHNISCHE UNIVERSITÄT CHEMNITZ

Chair of Computer Science
Prof. Dr. Wolfram Hardt

Routingverfahren zur Steigerung der Energieeffizienz in Produktionsprozessen

Daniel Reißner, Wolfram Hardt

Introduction Energy-efficiency

- E1 Global good follower select
- E2 bellwether for smooth deploy of messages
- E3 Workflows for solid sleep times

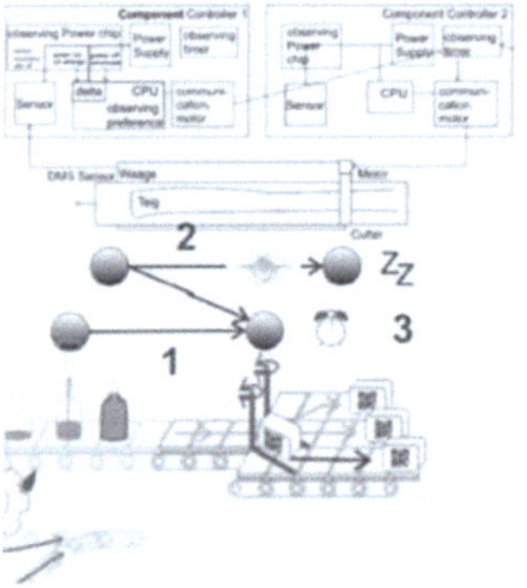

Operations of Preference Controller

- E1 Global preference gradient by HCC:
  $g_i = g_{i-1} - \sum_{i=0}^{n} p_i * wi$
- E2 DMS_k=
  gi-1(E)>80%:
  - short Path
  - else E-path

  lower rate of delivery:
  - switch path

  E3 low rate light observe:
  - Notifiy event channel
  - Time for sleep periods

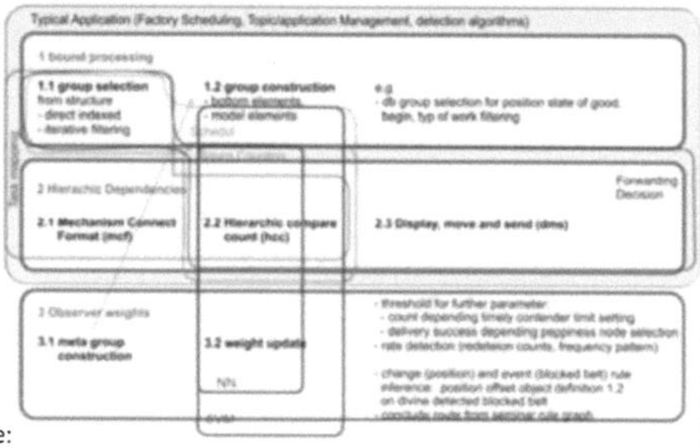

Examples

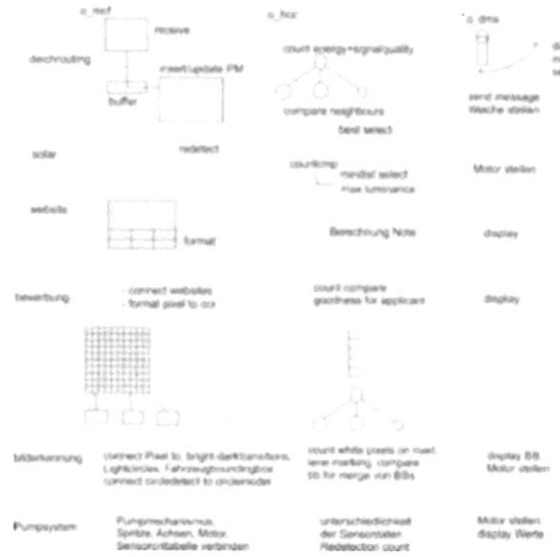

Outline

- Introduction
- Concept Preference Controller (Operations and Examples)

- Implementations:
  - Production with carrier belts
  - Sensor networks
  - Workprocesses, Workflows
  - Object detection for mobil node

- Summary

Production

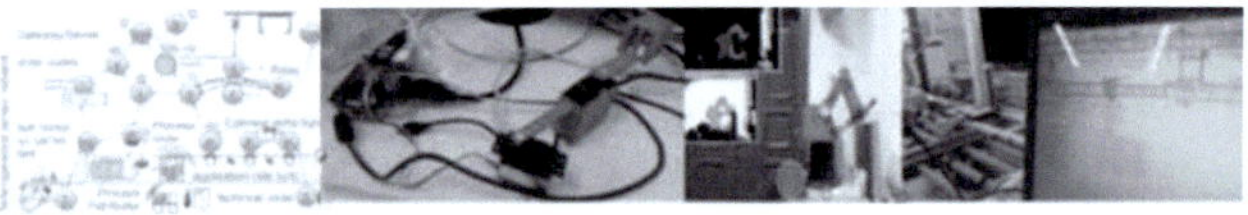

- HCC: carrier position, good, robot arm position for dynamic scheduling and collision check
- Sensor connect: Kinect Depthbuffer, Image buffer, TS5 Transfersystem with SPS and mechanical stopper (E3)

Simulation

- Mobile nodes
- Sensor Models

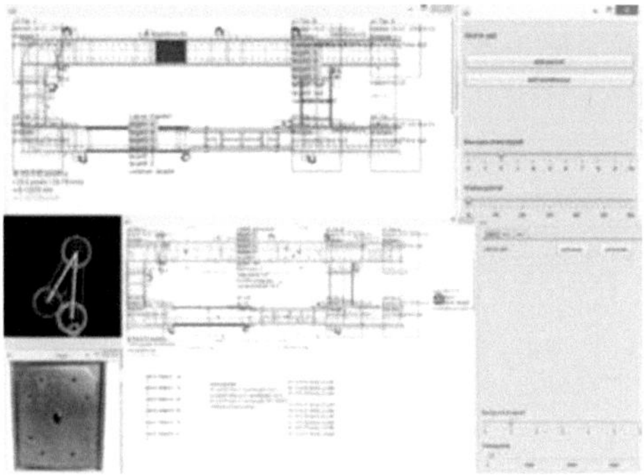

Sensor networks

- Connection of sensor servo-actor systems: Fluidpump, Solarmotor
- Routing decision in weighted sum and logic selection (E2)

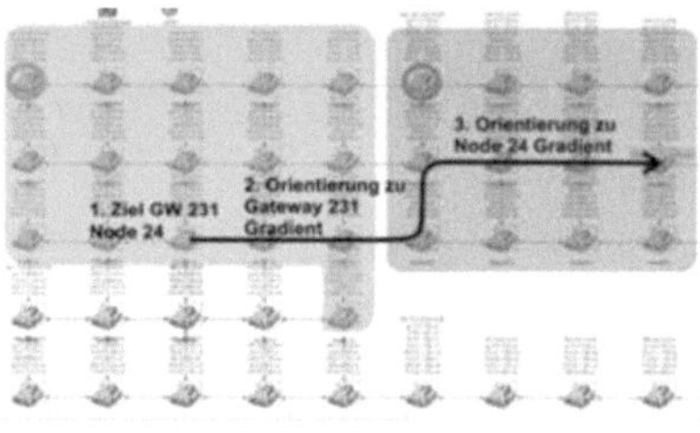

science computer
Chair of Computer Engineering
Prof. Dr. Wolfram Hardt

Workflowprozesse

https://www.tu-chemnitz.de/informatik/ce/prefObjBind/canvastest/hdecideref.php?currreport=Maintenance%20blocked%20belt&eigenschaftkey=typ1y&eigenschaftv=120

Maintenance blocked belt typ1y 120

10 Rule1: start belt <- position update 100cm<- #PrefRule 9

Vergleich Werte ungleich detektiert 120 100

inferiere Wertanpassung verhindert Problem -> Regelobjekt for Eigenschaft typ1y insert

https://www.tu-chemnitz.de/informatik/ce/prefObjBind/canvastest/hdecideref.php?currreport=observing&eigenschaftkey=typ1y&eigenschaftv=120

observing typ1y 120

do solve suggestion: set typ1y 120=100cm

- Selection of route solution from seminar knowledge base (E1)
- Construction of states from observation of events in case of errors (E3)

Routingverfahren zur Steigerung der Energieeffizienz in Produktionsprozessen 9

science computer
Chair of Computer Engineering
Prof. Dr. Wolfram Hardt

Obstacle detection

- Object detection(light, signs, bright number plate, bright/dark car shadow transitions, ultrasonic maximum, infrared bb merge) for control commands (E1)
- Trigger for Wifidirekt; reload of akkus, water tanks, (E3)

Routingverfahren zur Steigerung der Energieeffizienz in Produktionsprozessen 10

Summary

- Observing module for energy efficient routing weights of delivered messages, ruleset extension for error handling
- Parameters for Object detection, mobile node simulation
- Path global optimization by orientation

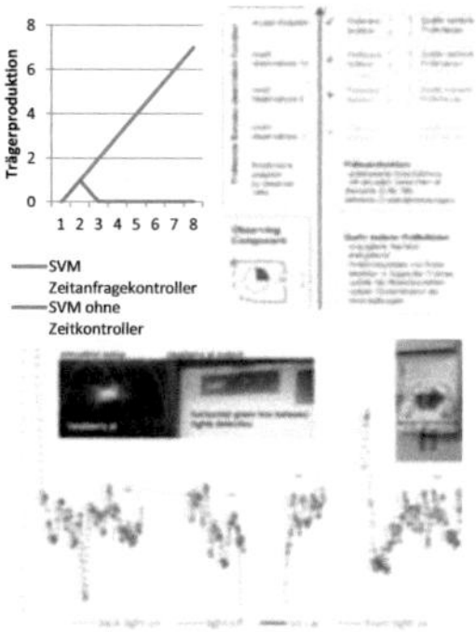

Routingverfahren zur Steigerung der Energieeffizienz in Produktionsprozessen 11

Thank you for your attention

Routingverfahren zur Steigerung der Energieeffizienz in Produktionsprozessen 12

Fakultät für Informatik
Professur Technische Informatik

Informatik
Professur Technische Informatik
Prof. Dr. Wolfram Hardt

Schallquellenlokalisierung zur Sprecheridentifizierung für Multi-User Dialogschnittstellen

Referent:

René Schmidt

www.tu-chemnitz.de

Fakultät für Informatik
Professur Technische Informatik

Problemstellung

- Rudimentäre Dialog Schnittstellen haben sich bereits etabliert→ Fritz[1], Robotinho[2]
- Problem: lange Berechnungszeiten der Dialogsysteme
  → Bisherige Lösung: Füllwörter

1) Bennewitz, M., et al.: Fritz-a humanoid communication robot. In: Robot and Human interactive Communication, 2007. RO-MAN 2007. The 16th IEEE International Symposium on. pp. 1072{1077. IEEE (2007)

2) Faber, F., Bennewitz, M., et al.: The humanoid museum tour guide robotinho. In: Robot and Human Interactive Communication, 2009. RO-MAN 2009. The 18th IEEE International Symposium on. pp. 891{896. IEEE (2009)

2 www.tu-chemnitz.de

Fakultät für Informatik
Professur Technische Informatik

Problemstellung

Open:	Fragen mit offenen Ende
Wh:	Who/What/Which....
Y/N:	Ja/Nein Fragen
Bc:	Begründungen
Alts:	Auswahl Fragen

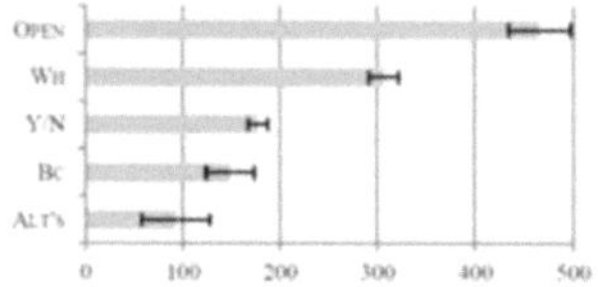

Quelle: Strömbergsson, S., et al.: Timing responses to questions in dialogue. In: INTERSPEECH pp. 2584(2588 (2013)

3 www.tu-chemnitz.de

Fakultät für Informatik
Professur Technische Informatik

Lösungsansatz

Realisierung im Museumskontext:
- Installation auf einem mobilen Roboter
- Mehrnutzerfähig -> Personengruppen

➔ spezialisierte HW (FPGAs, SoCs)
➔ möglichste hoher Grad an Berechenbarkeit
➔ Multi-User Interface
  ➔ Basierend auf Sprechertrennung
  ➔ Wie können Personen unterschieden werden?
  ➔ Lokalisierung im 3D Raum

4 www.tu-chemnitz.de

Fakultät für Informatik
Professur Technische Informatik

Algorithmus zur Schallquellen Lokalisierung

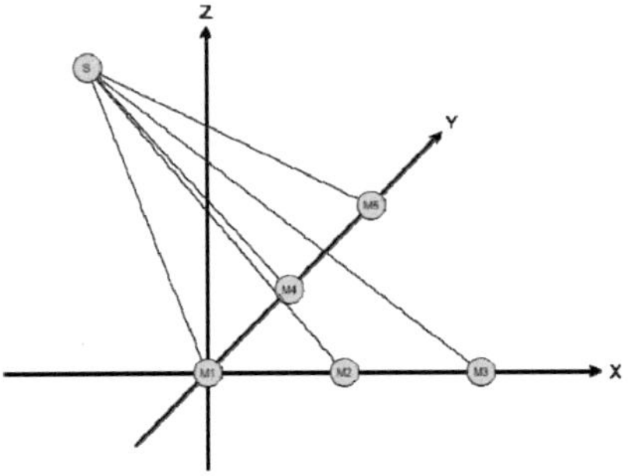

5 www.tu-chemnitz.de

Fakultät für Informatik
Professur Technische Informatik

Algorithmus zur Schallquellen Lokalisierung

- Bestimmen der Einfallswinkel
- Bestimmen der Entfernung durch Triangulation

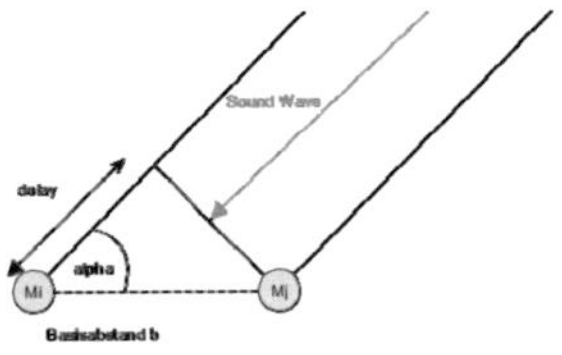

6 www.tu-chemnitz.de

Fakultät für Informatik
Professur Technische Informatik

Algorithmus zur Schallquellen Lokalisierung

- ➔ Projektion des Systems auf XY Ebene
- ➔ Projektion des Systems auf YZ Ebene
- ➔ Aufstellen der Gleichungssystem:

$$(d + \Delta_{12})^2 = (M_{2_x} - S_x)^2 + (M_{2_y} - S_y)^2$$
$$(d + \Delta_{13})^2 = (M_{3_x} - S_x)^2 + (M_{3_y} - S_y)^2$$

$$(d + \Delta_{24})^2 = (M_{4_y} - S_y)^2 + (M_{4_z} - S_z)^2$$
$$(d + \Delta_{25})^2 = (M_{5_y} - S_y)^2 + (M_{5_z} - S_z)^2$$

7 www.tu-chemnitz.de

Fakultät für Informatik
Professur Technische Informatik

Simulationsergebnisse

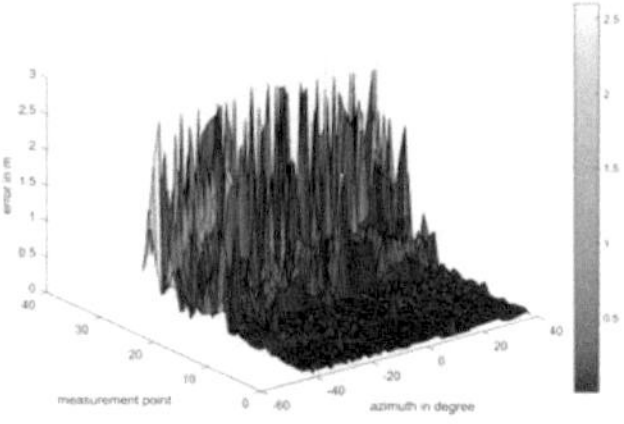

Abtastrate192 kHz 80° Öffnungswinkel

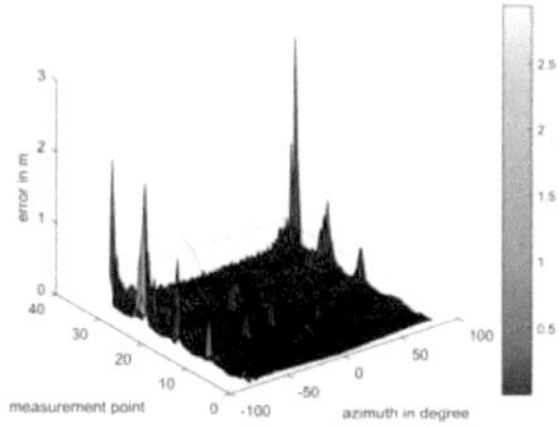

Abtastrate 5 MHz 164° Öffnungswinkel

8 www.tu-chemnitz.de

Fakultät für Informatik
Professur Technische Informatik

Simulationsergebnisse

Abtastrate in kHz	Öffnungswinkel in °	Fehler (M) In m	Fehler (SD) In m
192	80	0,3153	0,4900
500	120	0,1229	0,1787
1000	120	0,0680	0,0880
2000	120	0,0361	0,0441
5000	120	0,0256	0,0305
5000	164	0,0343	0,0880

9 www.tu-chemnitz.de

Fakultät für Informatik
Professur Technische Informatik

Zusammenfassung

Algorithmus liefert:

- Sehr großer Öffnungswinkel und sehr hohe Genauigkeit bei angemessener Abtastrate
- Berechnung der Zeitverzögerungen über Kreuzkorrelationen ermöglicht hohen Grad an Parallelisierung im FPGA und somit konstante Verarbeitungszeiten
- Einfache Berechnung des 3D Punktes anhand der bestimmten Delays

Ausblick

- Evaluierung des Algorithmus unter realen Bedingungen

10 www.tu-chemnitz.de

TECHNISCHE UNIVERSITÄT CHEMNITZ
Fakultät Informatik
Professur Technische Informatik
Prof. Dr. Wolfram Hardt

Professur Technische Informatik
Prof. Dr. Wolfram Hardt

Detektion und Lokalisierung von Impacts auf einem piezoaktivem Hybridmaterial

MERGE
Cluster of Excellence

CE-Workshop 2016

Frank Ullmann

IBS Laubusch, 23.03.16

Agenda

Allgemeines

Aktueller Stand

Ausblick

Fakultät für Informatik
Professur Technische Informatik

IRD C3: Prozesskette

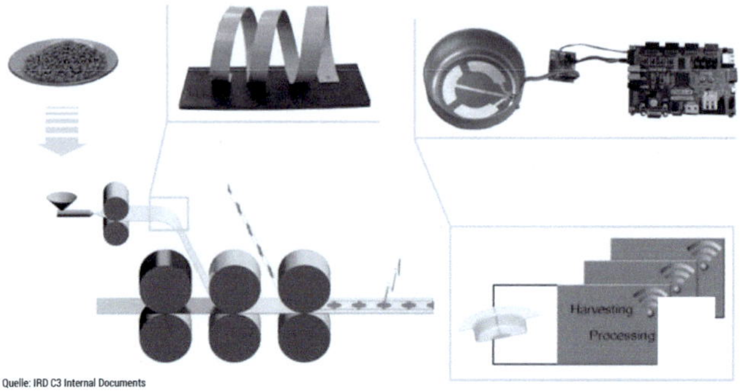

Quelle: IRD C3 Internal Documents

Allgemeines | Aktueller Stand | Ausblick

Fakultät für Informatik
Professur Technische Informatik

Agenda

- Allgemeines
- **Aktueller Stand**
- Ausblick

Test-Plattform

- U-Profil aus Stahl mit aufgebrachten piezoaktiven Sensoren (State-of-the-Art-Piezofolie mit Kupfer-Klebeband als Elektrode)

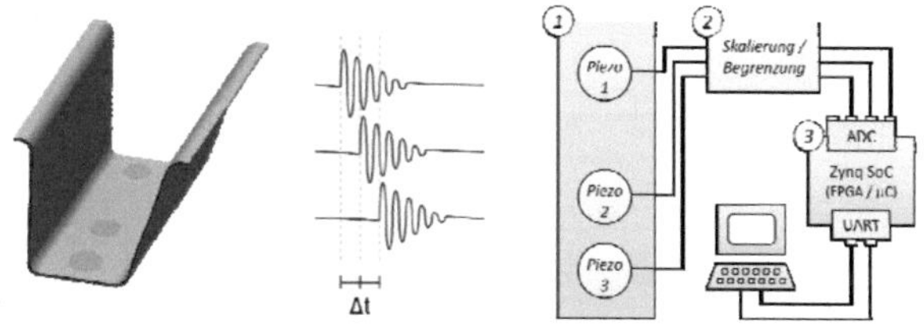

Impact-Lokalisierung - Probleme

- bisher nur Zeitdifferenzen der Signale als Charakteristika
  → Detektion eines Impacts – Wie?

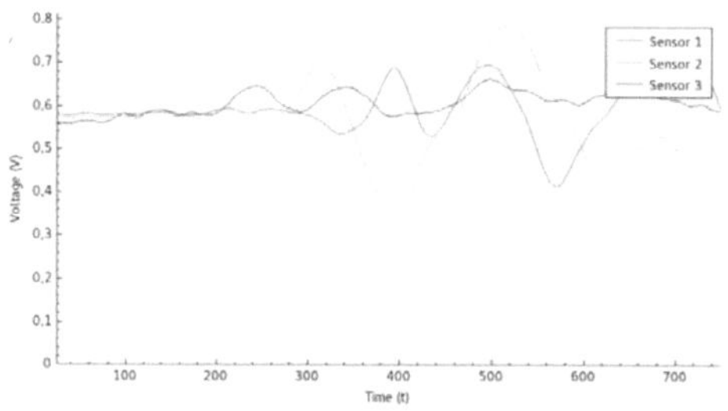

Fakultät für Informatik
Professur Technische Informatik

Impact-Detektion

- mehrere Ideen / Tests durchgeführt → keine wirklich robust
- aktuell: Aufsummierung der Anstiege → „Aktivitätsfunktion“

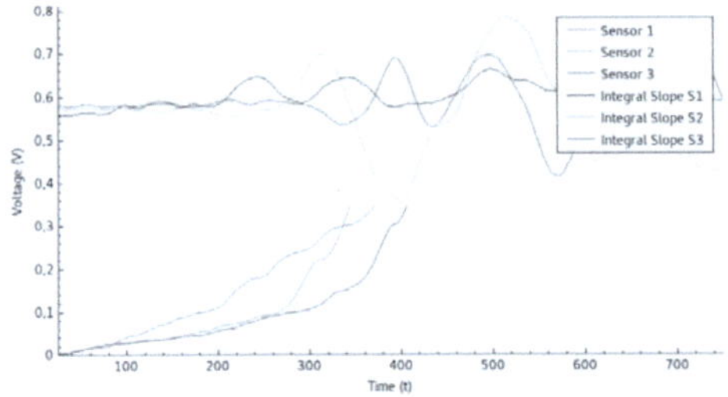

Allgemeines | Aktueller Stand | Ausblick

23.03.2016 | Frank Ullmann | 7 | www.tu-chemnitz.de

Fakultät für Informatik
Professur Technische Informatik

Impact-Lokalisierung – Verfahren

- Triangulation (Bestimmung auf Basis trigonometrischer Funktionen)
  - schwierig, da geformtes Material → div. Störfaktoren, z.B. Interferenz
- Nutzung Maschineller Lernalgorithmen
  - aktuell Neuronale Netze im Fokus
  - Evaluierung weiterer geplant

Allgemeines | Aktueller Stand | Ausblick

23.03.2016 | Frank Ullmann | 8 | www.tu-chemnitz.de

Fakultät für Informatik
Professur Technische Informatik

Impact-Lokalisierung – Neuronale Netze

- Erzeugung von Testdaten zum Trainieren
  - Definieren und Anregen durch „Impact-Pendel"
  - 20 Datensätze, je 10 pro Seite (5 oben / 5 mittig)
- getestete Szenarien:
  - ein- bzw. zweidimensionaler Output
  - verschiedene Netzwerkkonfigurationen
- Bestes Resultat:
  - eindimensionale Ausgabe (Längsrichtung)
  - Netzwerk mit 3 Input-, 6 Hidden-, 1 Output-Neuron
  - Durchschnittliche Abweichung: 4,22 cm

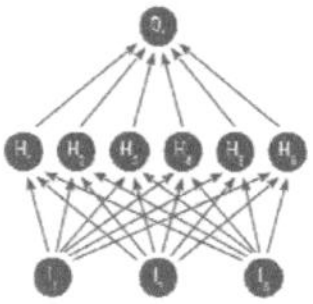

Vereinfachte Darstellung

Allgemeines | Aktueller Stand | Ausblick

23.03.2016 Frank Ullmann 9 www.tu-chemnitz.de

Fakultät für Informatik
Professur Technische Informatik

Agenda

Allgemeines

Aktueller Stand

Ausblick

23.03.2016 Frank Ullmann 10 www.tu-chemnitz.de

Fakultät für Informatik
Professur Technische Informatik

Ausblick

- Evaluierung weiterer Maschinellen Lernverfahren
  - Expertise von Professur Künstliche Intelligenz (angedacht)
- Verbesserung der Impact-Detektion
  - Algorithmen aus der Schall-/Vibroakustik (geplant)
- Untersuchung der Spannungsverläufe im Frequenzspektrum
  - Matlab-Projekt in Arbeit
- Simulation zur Erzeugung synthetischer Daten (in Arbeit)
  - auch zum Test diverser Sensoranordnungen

Allgemeines | Aktueller Stand | Ausblick

23.03.2016 Frank Ullmann 11 www.tu-chemnitz.de

TECHNISCHE UNIVERSITÄT CHEMNITZ

Fakultät Informatik
Professur Technische Informatik
Prof. Dr. Wolfram Hardt

Informatik
Professur Technische Informatik
Prof. Dr. Wolfram Hardt

MERGE
Cluster of Excellence

Detektion und Lokalisierung von Impacts auf einem piezoaktivem Hybridmaterial

CE-Workshop 2016

Frank Ullmann

IBS Laubusch, 23.03.16

23.03.2016 Frank Ullmann 12 www.tu-chemnitz.de